부모의 돈 교육

부모의 돈 교육

돈을 다루는 능력을 가르치는 법

MONEY
EDUCATION

✦ 권피디(권유정) 지음 ✦

미래문화사
MIRAE

내가 일하는 세상 VS 돈이 일하는 세상

왜 사람들은 돈을 좋아하면서도 돈 공부를 하지 않는 것일까? 누군가를 사랑하게 되면 그 사람에 대해 더 많이 알려고 노력하게 마련이다. 하지만 이는 돈에는 전혀 해당되지 않는 말이다. 나는 온갖 고생을 하며 돈을 벌었어도, 내 자식만큼은 돈에 대해 초연한 삶을 살기를 바란다. 은연중에 돈은 더러운 것이라는 생각이 깔려 있기 때문이다.

많이 달라졌다고는 하지만 뿌리 깊은 유교사상과 획일적인 학교교육은 우리 아이를 '자본가'가 아닌 '노동자'로 살게 한다. 좋은 대학, 좋은 직장에 목을 매게 하고, 그 덕에 부모는 자식에게 더 비싼 사교육을 시키지 못해 발발 동동 구르는 게 우리의 현실이다.

헤르만 헤세의 《데미안》에 나오는 유명한 문구가 있다.

"새는 알에서 나오려고 투쟁한다. 알은 세계다. 태어나려는 자는 한 세계를 깨뜨려야 한다."

알 밖은 내가 경험해 보지 않은 세계이다. 불안과 공포의 세계다. 빠른 결단과 뼈를 깎는 노력이 없으면 영원히 알 속에 갇혀 살아야 한다. 조용히 순응하는 삶을 살아야 한다. 죽어라 공부해서 좋은 대학에 가고, 안정적이고 돈 많이 버는 직업을 목표로 달리는 것이 알 속의 세계다. 반면 우리가 깨고 나올 알 밖의 세계는 완전히 다르다. 알 속 세상이 '내가 일하는 세상'이라면 알 밖의 세상은 '돈이 일하는 세상'이다.

이제 부모는 사랑하는 아이를 어떻게 살게 할지 결정해야 한다. 알 속에서 돈에 끌려 다니는 삶을 살게 할지, 알 밖으로 나오게 해 돈에게 일을 시키는 삶을 살지 말이다. 이것이 쉬웠다면 우리 모두 부자가 되었을 것이다. 알을 깨고 나오려면 생각을 180도 바꾸어야 한다.   전혀 다른 사고방식으로 고정관념의 알을 깨고 새로운 세상을 받아들여야 한다.

그 시작은 부모의 돈 공부다. 부모가 먼저 돈 공부를 하고, 자신이 깨달은 것을 가지고 아이를 교육해야 한다. 나 자신이 알 속에 있으면서 어떻게 아이에게 알을 깨고 나오라고 가르칠 수 있겠는가? 자녀에게 돈 교육을 하다 보면 자연스럽게 부모의 삶도 바뀌어, 가족 전체가 서서히 알 속 세계에서 빠져나오게 될 것이다.

나의 경우는 이른 퇴직이 그 알을 깨고 나오는 계기가 되었다. 마흔셋에 미디어센터 센터장으로 퇴임을 하고, 정글 같은 세상에 던져졌다. 직장이라는 보호막이 사라지니, 홑겹의 천만 걸치고, 쏟아지는 뙤약볕을 오롯이 맞으며 홀로 서 있는 기분이었다. 그렇게 자랑했던 나의 직장생활 노하우로는 정글 속에서 물 한잔 혼자서 찾아낼 수 없었다. 내 편이라고 생각했던 사람이 주는 물을 벌컥벌컥 마셨다가 토하기 일쑤였다.

그러다 돈 공부를 만났다. 돈 공부를 하러 미국도 네 차례나 다녀왔고, 코로나 팬데믹으로 격리 생활이 길어지다 보니 오히려 더 깊이 파고드는 계기도 되었다. 이렇게 돈 공부에 매진하다 보니 어느 날부터 조금씩 숨통이 트였다. 이제 나는 쏟아지는 뙤약볕을 잠시 피하는 법도 알게 되었고, 스스로 목을 축일 수 있는 수준까지는 되었다. 돈 공부는 나에게 크나큰 인생의 전환점이 되었다. 여전히 좌

충우돌이지만 조금 살 만해지니, 주위를 둘러볼 여유가 생겼다.

　이 책이 단단한 여러분의 알 껍질에 작은 균열을 만드는 첫 계기가 되기를 간절히 바란다. 우리 모두 알을 깨고 나와 훨훨 자유롭게 알 밖 세상을 나는 그날을 기약하며 이 글을 마친다.

2022년 8월

권유정

•

차례

•

PART 01

부자 아이 만들기는 부모의 경제 마인드셋부터

PART 02

아이를 가난하게 만드는 7가지 생각

PART 03
아이 경제 교육의 두 축 : 용돈 교육과 돈 만들기 교육

PART 04
우리 아이 부자 만들기 7단계 실전 프로젝트

PART 05

미래의 부자는 블록체인과 메타버스에서 시작된다

PART
01

부자 아이 만들기는
부모의
경제 마인드셋부터

CHAPTER 01

진짜 부의
사다리를 찾아라

내가 하면 '투자'고 남이 하면 '투기'라는 말이 있다. '내로남불'만큼 재밌는 말이다. 한때 주식 열풍이 불면서 대한민국도 주식을 하는 인구가 기하급수적으로 늘었고, 이제는 그 인기가 가상화폐로 옮겨갔다. 어느 때보다 투자에 대한 열기는 뜨겁지만, 여전히 투자를 하는 사람들을 색안경을 끼고 보는 사람들이 존재한다. 그러면서 주변 사람이 주식으로 재미를 봤다고 하면 왠지 모르게 배가 아파온다. 여전히 우리 사회에 존재하는 돈에 대한 이중적인 시선이다.

"돈은 신경 쓰지 말고, 넌 공부나 열심히 해라."

어렸을 때 부모님으로부터 한 번쯤 들어본 말일 것이다. 투자나 돈에 대해 언급하는 걸 꺼리는 문화가 아직 우리 사회에 깊이 뿌리 박혀 있는 탓이다. 청소년 때는 공부만을 강요하고 이십 대가 되면 돈 많이 주는 직장을 구하길 바라며 취직하면 젊어서 고생은 사서도 한다며 사장 밑에서 굴욕을 참아내라고 한다.

그렇게 성장한 우리는 삼십 대가 되어서야 직장 생활에 지쳐 다른 곳에 눈을 돌리기 시작했다. 주식, 부동산, 코인, 온갖 파생금융 상품에 투자하고, 올라간다는 소문만 믿고 '영끌', '빚투'로 올인한다. 투자와 투기를 구분할 수 없을 정도로 낮은 금융지식을 가진 채 성장한 탓이다. 단순한 금융지식을 넘어 스스로 판단하고 생활에 접목할 수 있는 금융IQ가 절실하지만 가르쳐주는 곳이 없다. 금융IQ란 금융에 대한 이해 지수를 말한다.

내 아이 금융 교육, 빠르면 빠를수록 좋다

내 자식만큼은 이러한 시행착오 없이 경제적으로 자유로운 삶을 살기를 바라는 게 모든 부모의 마음일 것이다. 그래서 요즘은 자녀가 좀 더 일찍 경제에 눈 뜨길 바라는 부모들이 많다. 이에 부응하기 위해 일부 유치원에서는 경제 교육 전문강사를 초빙해 별도의 수업 시간을 마련하기도 한다. 초·중·고등학교에서도 경제 공부할 수 있는 시간들이 마련되어 있다. 하지만 다른 과목에 비해 그 시간이

턱없이 적다. 관심 있는 친구들이 모여 동아리 활동을 할 수도 있지만, 경제 동아리를 신청할 만큼 스스로 관심 있는 학생들이 얼마나 되겠는가.

2021년 12월 21일 금융위원회는 〈디지털 전환 등 금융환경 변화에 대응하는 금융 교육 강화방안〉을 의결하였다. 그에 따라 2022 개정교육과정부터는 관련 교과에서 실생활과 연계해 금융역량을 높이는 방향으로 보완이 이뤄지고, 고등학교에서는 '금융과 경제생활'이 융합선택과목으로 신설된다. '통합사회' 과목의 금융 내용도 보다 더 내실화될 예정이다. 이렇듯 학교 내 금융 교육이 강화되고는 있지만 아직 많이 부족한 것이 현실이다.

따라서 공교육에만 우리 아이의 경제 교육을 맡겨두어서는 안 된다. 책상 앞에 앉아 가르치지 않아도 부모의 경험과 가치관은 그대로 전달될 수밖에 없다. 노동만이 신성한 것이라고 배운 아이와 부모의 손을 잡고 아파트 분양권을 모으러 다닌 아이는 다를 수밖에 없을 것이다. 또한 다른 사람의 말만 듣고 투자를 결정하고, 그래프에 따라 일희일비하는 부모라면, 자녀도 투자란 으레 운에 맡기는 거라고 생각하기 쉬울 것이다.

경제 교육은 꼭 말로 가르치지 않아도 자연스럽게 몸에 습득되는 생활 교육이다. 어리다고 무시하지 말고 식탁에서 돈에 관한 대화를 아이들과 나누어보라. 자녀들은 이미 돈에 대해 많은 것을 궁금해하고 있을 것이다. 우리 아이를 부자로 만들고 싶다면 금융 공부는 빠르면 빠를수록 좋다.

학교가 가르치는 가짜 부의 사다리

내 아이가 의사가 되길 원하는가? 내 아이가 부자가 되길 원하는가? 사람에 따라 차이가 있을 수는 있겠지만 대부분의 부모는 자녀가 부자가 되길 바랄 것이다. 자녀가 '사' 자가 들어가는 좋은 직업을 갖거나 좋은 직장에 취직하길 바라는 것도, 그런 직업이 사회적 성공과 더불어 경제적인 안정을 가져다줄 거라고 믿기 때문이다.

한국 교육은 18세기에 만들어진 독일의 프로이센 교육제도에 기반하고 있다. 이 제도는 일제강점기를 거치며 한국에 정착하였다. 프로이센 교육의 목표는 국가에 충성하는 군인과 지배 세력에 순종하는 노동자를 양성하는 데 있었다.

교육이 많이 달라졌다고는 하지만, 여전히 우리의 학교는 학사모를 쓴 고급 노동자 양성소를 벗어나지 못하고 있다. 공부를 열심히 해서 좋은 대학에 가고 좋은 직장을 잡고, 얌전히 사회의 빛과 소금이 되라고 가르친다. 그리고 이러한 주입식 교육에 익숙한 부모들은 학교에서 하는 것처럼 잘살기 위해서는 많은 돈을 주는 좋은 직장을 잡아야 한다고 자녀들을 가르친다.

좋은 대학을 가는 게 나쁘다는 얘기는 결코 아니다. 페이스북(현

메타)의 설립자 마크 저커버그와 마이크로소프트의 빌 게이츠는 하버드 대학, 애플의 스티브 잡스는 명문인 리드 대학을 다녔다. 많은 스타트업 CEO들은 대부분 명문대 출신이다. 그만큼 어울리는 사람들과 네트워크는 분명 중요하다.

여기서 하고자 하는 얘기는 공부를 하지 말라는 것이 아니라, 좋은 직장을 목표로 좋은 대학에 가고자 공부를 해서는 안 된다는 것이다. 내 아이를 부자로 키우고 싶다면 자본가가 되는 교육을 해야 한다. 자본주의 사회는 노동자의 세상이 아니고, 말 그대로 자본가가 주인공인 세상이다.

노동 시장은 1997년 IMF 외환위기 전과 후로 나뉜다. 과거 산업화 시대에는 열심히 일하면 자녀를 충분히 교육시키고 노후를 여유롭게 보낼 만큼 돈을 벌었다. '평생직장' 개념이 강했고, 매년 월급이 올랐으며, 높은 금리 덕에 저축만 하면 자동으로 돈이 불어났다. 그때는 좋은 대학에 들어가 좋은 직장에 다니는 게 편안한 여생을 보내기 위한 필수 요건이었다.

내가 흙수저로 태어났더라도 내 자식만큼은 금수저로 만들고 싶은 건 모든 부모의 마음일 것이다. 그런데 요즘은 부의 사다리가 끊어졌다는 말을 많이 한다. 좋은 대학의 입학 정보는 부자 부모만 가지고 있고, 좋은 직장은 금수저 자녀들이 차지하고 있다. 그래서 부의 사다리가 끊어졌다고 하소연한다. 하지만 단언컨대 그것은 가짜 사다리이다. 학교와 사회가 우리를 착각하게 만든 것이다.

내 아이에게 어떤 부의 사다리를 놓아줄 것인가

어떤 부자도 자녀가 월급쟁이가 되도록 가르치진 않는다. 학교에서 가르치는 대로 직장만 다녀서는 절대 돈 버는 법을 배울 수 없다. 꼬박꼬박 들어오는 월급에 안주하며 오직 상사에게 잘 보여 승진을 하는 데만 초점을 맞추게 될 것이다. 지금 부모 세대들이 살아온 것처럼 말이다. 지금 여러분이 생각한 것을 실천하지 않으면, 여러분의 아이도 당신처럼 똑똑한 노동자로 평생 돈에 쫓기는 삶을 살 수밖에 없을 것이다.

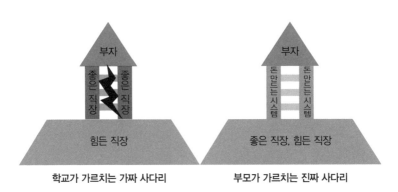

학교가 가르치는 가짜 사다리　　　부모가 가르치는 진짜 사다리

내 삶의 주인공은 정말 나일까? 앞서 말했듯 안타깝지만 자본주의 사회에서 주인공은 자본가이다. 자본가가 모든 것을 독식하고, 나와 우리 아이는 엑스트라로 그들이 만든 세상에서 부스러기를 받는 배역일 뿐이다. 조연이라도 되면 감사해야 할 따름이다.

학교에서도 금융 교육이 필요하다고 말하기는 하지만, 실제 학교에서 하는 교육은 한계가 있다. 부자의 금융 교육의 핵심은 돈 만드는 시스템을 구축하는 법을 알려주는 것이다. 이제 더 이상 학교와 사회가 가르치는 교육에 현혹되어서는 안 된다. 가짜 부의 사다리에 정신을 빼앗겨 그 길만을 좇다 보면 어느덧 여러분의 자녀는 당신과 같은 노동자가 되어 있을 것이다. 내 아이를 그 굴레에서 건져낼 수 있는 사람은 부모밖에 없다.

CHAPTER 02

돈 공부 몇 살부터
시켜야 할까

경제 용어는 어른들에게도 어렵다. 금융, 재무, 재정, 재원 등 경제를 뜻하는 용어는 다양하지만 한마디로 쉽게 표현하자면 모두 '돈'이다. 돈이라고 하니 익숙하고 만만하게만 느껴지지 않는가? 하지만 막상 아이에게 돈에 대해 가르치려고 하니 어디서부터 시작해야 할지 막막하기만 하다. 아이들은 눈 깜짝할 사이 성장한다. 자녀의 재롱을 보며 하루 이틀 미루다 보면 아이는 벌써 초등학교를 졸업한다. 건드릴 수 없는 사춘기를 지나 고등학생이 되면 좋은 대학에 가기 위해 입시에 매진할 나이가 된다. 도대체 돈 공부는 몇 살 때 시키는 것이 좋을까?

태어나기 전부터 준비되어야 하는 돈 교육

아이가 태어나 돌잔치를 할 때, 부모들은 은근 내 아이가 돈을 잡기 바란다. 다른 것을 잡으려 하면 관심을 돈 쪽으로 유도하는 재미난 모습도 연출된다. 태어난 지 1년밖에 안 된 아이에게 돈을 잡으라고 강요할 정도인데, 돈 공부를 몇 살부터 시켜야 하느냐는 질문이 조금 모순되게 느껴지지 않는가?

보통의 부모들은 공부 하면 '조기 교육'을 떠올린다. 하지만 돈 공부는 한글을 배우는 것처럼 '뗀다'라는 개념이 없다. 끝이 있는 공부가 아니다. 삶과 밀착해서 평생 배우고 익혀야 하는 것이 돈 교육이다. 조기 교육이 아닌, 생활 교육인 셈이다.

아빠는 아이들과 마트에 가서 "오늘 기분이다!"라고 말하며 아이들에게 비싼 장난감을 고르라고 한다. 얼마나 쿨하고 멋진 아빠의 모습인가. 엄마는 옆에서 열심히 고르는 아이의 모습을 흐뭇하게 바라본다. 절로 미소가 나는 아름다운 가정의 모습이다. 하지만 이 가정은 아이의 경제 교육은 전혀 신경 쓰지 않는 집이다. 아이의 머릿속에 돈이란 건 기분대로 쓰는 것으로, 아빠는 조르기만 하면 돈이 나오는 현금출금기 같은 존재로 남게 된다.

초등학생부터 중학생 자녀를 둔 가정을 대상으로 설문조사를 한 적이 있다. "부모님으로부터 돈 교육을 받은 적이 있나요?"라는 질문에 아이들의 2/3 이상이 '있다'고 대답한 반면, "자녀들에게 돈 교육을 한 적이 있나요?"라는 질문에 대다수의 부모가 '없다'고 답했다. 분명 부모는 돈 교육을 시킨 적이 없는데 아이는 돈 교육을 받았다고 생각하는 것이다. 부모의 행동과 지나가는 말을 통해 아이들은 돈 교육을 받았다고 인식한다. 자신도 모르는 사이에 돈 교육이 집 안팎에서 진행되고 있는 것이다.

따라서 자녀의 돈 교육은 아이가 태어나기 전부터 준비되어야 한다. 이 말은 부모가 먼저 돈에 대한 가치관 정립을 해야 한다는 뜻이다. 부모가 돈 얘기하는 것을 꺼리는 마음이 있다면 자녀에게 은연중에 전달된다. 반면에 부모가 돈에 관심을 갖고 항상 공부하면, 아이도 돈을 좋아하게 된다. 자동차나 명품을 좋아하는 사람들은 슬쩍 지나치기만 해도 브랜드와 가격을 줄줄 말할 수 있다. 마찬가지로 돈을 좋아하면 자연스럽게 돈에 관심을 갖고 공부하게 된다.

나이에 따라 익혀야 할 돈 공부가 다르다

0~4세는 돈에 대한 개념은 없지만 서서히 관심이 생기기 시작하는 때이다. 5~8세는 숫자에 대해서 배우게 되는 나이이다. 8~10세는 초등학교 저학년으로 저축에 대한 개념을 알려줄 수 있는 시기이다. 11~13세는 초등학교 고학년으로, 이때부터 용돈의 사용처가 늘어나며 돈을 어떻게 해야 벌 수 있는지 생각하게 된다. 중학생은

원하는 물건을 사기 위해 목표를 설정하고 참을 수 있게 된다. 고등학생 자녀에게는 금융 시스템에 대해서 가르치고 사회에 나갈 준비를 시켜야 한다.

나이에 따라 익혀야 할 돈 공부

0~4세	5~8세	초등 저학년	초등 고학년	중학생	고등학생
관심	숫자	저축	용돈	목표	금융

성에 대해 눈뜬 후 성교육을 하면 이미 늦는다. 늦게라도 하는 것이 안 하는 것보단 낫지만 제대로 된 가치관을 가지려면 교육이 선행된 후 경험하는 편이 좋다. 용돈 교육도 마찬가지다. 용돈 교육의 시작 시점은 부모가 자녀의 상태를 보고 판단해야 한다. 좀 일찍 시키거나 늦게 시킨다고 해서 큰 문제가 되진 않지만, 초등학교를 졸업할 즈음이 되면 어느 정도 용돈을 관리할 수 있는 수준으로 키워 주는 것이 좋다. 자녀를 관심 있게 살펴보고 타이밍을 맞춰 가르쳐 줘야 한다.

유대인들은 아이들의 금융 교육을 자녀의 성장 속도에 맞춰 체계적으로 한다. 아이가 태어나면 바로 아이 이름의 증권통장을 만든다. 생후 첫 번째 금융 교육은 흥미롭게도 기부로 시작한다. '체다카'라는 기부통에다가 아이의 손을 빌려 매일매일 동전을 넣도록 한다. 다섯 살이 되면 집안일에 참여시키고, 시장에 가서 거래를 가르친다. 아이가 학교에 들어갈 때쯤 되면 용돈 관리에 대해 본격적으로 배우기 시작한다.

유대인은 13세가 되면 성인식을 한다. 성인식에 참석한 지인과 친척들의 축하금을 모아 자녀에게 전달한다. 몇백만 원 정도가 아니라 보통 수천만 원에서 1억에 가까운 돈이 들어온다. 그만큼 유대인의 성인식은 큰 행사이다.

이후에 아이는 부모와 상의하여 돈을 어디에 투자할지 결정한다. 꾸준한 밥상머리 교육을 통해 돈 관리에 대해 부모와 교류한다. 이렇게 체계적인 금융 교육을 받은 아이들은 사회에 나갔을 때 금융 시장에 빠르게 적응하며 자신의 앞길을 스스로 개척해나갈 수 있게 된다.

우리나라의 경우 아이에게 숫자를 가르치며 금융 교육을 시작한다. 사실상 금융 교육이라기보다는 학교 수업을 잘 따라가라고 시키는 산수 공부에 더 가깝지만 말이다. 그러다 아이가 돈에 대해서 알기 시작하면 "아껴 써야 해", "절약해라"라고 말한다. 그 외에는 돈에 대해 신경 쓰지 못하게 한다. 그리고 학교에 입학하면 사교육에 돈을 쏟아붓는다. 더 좋은 사교육을 시켜주지 못해 안타까워하고, 아이에게 미안해한다. 이러한 돈 교육의 패턴을 이제는 벗어나야 한다. 구체적으로 아이의 연령대에 맞는 금융 교육 방법에 대해 알아보자.

금융 교육, 나이에 맞게 계획적이고 체계적으로

0~4세는 소유라는 개념이 생기면서 아이가 소유욕을 가지게 되는 시기다. 이때는 무엇보다 다른 사람들과 나누고 함께하는 기부를 가르쳐야 한다. 4세 때는 모양이나 색에 관심이 높아지기 시작하므로 동전을 색과 모양별로 구분하는 놀이를 하면서 돈과 친해지게 할 수 있다. 잊지 말아야 할 점은 놀고 난 동전은 다시 정리해서 지갑에 넣어두어야 한다는 것이다. 돈의 소중함을 알아야 하므로, 동전이 집안 여기저기 널려있지 않도록 잘 정리한다.

5세부터는 숫자 배우기를 시작하는 나이이다. 아직 교환의 가치를 잘 모르는 시기이므로, 마트에서 돈을 직접 점원에게 건네게 하여 돈과 물건을 교환한다는 걸 서서히 깨닫도록 해주면 좋다. 이때부터 자녀에게 서서히 집안일을 하도록 가르쳐본다. 집안일은 가족의 일원으로서 꼭 해야 하는 일이다. 돈에 대한 개념이 형성되기 시작했다면 초등학교에 들어가기 전 용돈 교육을 시작하자.

초등학생 때부터는 아이가 본격적으로 돈에 대해서 알게 된다. 친구들과 만나면서 돈 쓸 일이 조금씩 생긴다. 이때는 은행에 자녀를 데려가 통장을 만들어주고 저축의 필요성을 말해준다. 돈을 서랍에 그냥 놔두면 이자가 붙지 않아 손해라는 것도 알려준다. 용돈이 부족하면 집안일을 더 해서 용돈을 벌 수 있도록 한다.

초등 고학년이 되면 용돈 관리가 어느 정도 익숙해진다. 이때부터 투자에 대해 적극적으로 가르쳐야 한다. 노동을 해서만 돈을 버는 것이 아니고, 투자를 통해서도 돈이 만들어진다는 것을 알게 하자. 관심 있어 하는 회사의 주식을 사는 실전을 직접 해보는 것도 좋다.

중학생이 되면 또래 친구들과 비교하는 것이 심해지고, 인터넷을 통해 더 저렴한 곳을 찾을 줄도 알게 된다. 이때는 몇 달을 기다려서라도 돈을 모아서 원하는 것을 사도록 해야 한다. 목표를 스스로 잡고, 갖고 싶은 것을 손에 넣을 때까지 인내하는 법을 배워야 하는 것이다. 이즈음부터 아이는 일정하게 돈을 벌 수 있는 방법에 관심을 갖기 시작한다. 우리나라는 13세 이상부터는 법적으로 조건만 충족하면 아르바이트를 할 수 있다. 부모의 관리하에 외부 알바를 통해 '돈 머리'를 길러주는 것도 좋다.

고등학생은 사회에 나갈 준비를 하는 나이다. 장래를 결정해야 한다. 조금 있으면 대학교 진학, 취직, 창업, 유학, 여행 등 부모 없이 스스로 선택해야 하는 성인이 된다는 것을 인식시켜야 한다. 부모는 아이가 성인이 되기 전 금융에 대해 충분하게 익숙하도록 준비시킨다. 자녀와 함께 지금까지 투자한 수익을 다시 체크해본다. 성인이 되면 이 돈을 어떻게 관리할 것인지 고민하고 미래에 대한 계획을 함께 세워야 한다.

거듭 말하지만 자녀의 돈 교육은 부모가 본보기가 되어야 하는 생활 교육이다. 부모가 먼저 준비되어 있지 않으면 아이들은 돈에 대한 올바른 가치관을 가질 수 없게 된다. 성인이 된 이후 좌충우돌하면서 배우게 되면 그나마 다행이지만 자칫 잘못하면 큰 수험료를 치러야 할 수도 있다. 그렇게 되면 돈에 대한 두려움이 마음에서 자라게 될 것이다.

자녀는 나에게 잠시 맡겨진 존재이지 평생을 책임져야 할 존재가 아니다. 맡겨진 동안 아이를 열심히 준비시키는 것이 부모가 해야 할 몫이다. 자녀의 나이에 맞게 계획적이고 체계적으로 금융 교육을 시켜보자.

CHAPTER 03

우리 아이 종자돈
1억 만드는 법

부모는 자녀에게 순간순간 최선을 다한다. 하지만 자녀가 성인이 되는 시점까지 내다보아 먼 미래에 대한 계획도 세워놓아야 한다. 아는 만큼 보인다는 말처럼 엄마의 금융지식 정도에 따라 자녀의 미래도 달라진다. 돈을 모으려면 일단 목표치를 설정해야 한다. 목표를 정한 후 어느 정도의 시간이 걸리는지 계산하면, 내가 매달 얼마의 여유자금을 빼놓아야 하는지 계획이 설 것이다. 아이가 성인이 되었을 때 일정 금액의 돈을 모아주고 싶다면 지금부터 계획을 세워야 한다.

10여 년 전쯤 1억 만들기라는 콘텐츠가 인기를 끌던 때가 있었다. 학교 졸업 후 바로 취직해서 최소한의 생활비만 쓰고 매달 100만 원씩 10년간 저축하면 1억을 모으는 데 8년 정도가 걸린다. 저 말을 들었을 때 나는 30대 중반이었다.

하지만 사회 초년생 때로 돌아간다 해도 그렇게 하기는 어려울 듯하다. IMF 사태 이후 호봉제는 연봉제로 바뀌었고, 정규직보다 계약직이 더 많아졌다. 언제 회사에서 잘릴지 모르는 상황에서 자기계발도 하지 않고 얌전히 돈만 모으기는 어려웠을 것이다. 그리고 우리 아이들이 성인이 되면 지금보다 돈 모으기 더 힘든 사회가 될 것이다.

자녀가 사회에 나갈 때 부모가 1억 원을 손에 쥐여줄 수 있다면 아이가 고를 수 있는 선택지는 아주 넓어질 것이다. 원하는 주식을 사거나, 부동산을 구입할 수 있는 기회가 생긴다. 외국으로 유학을 갈 수도 있고, 창업에 관심 있다면 도전할 수 있다. 괜찮은 회사를 찾아 투자자가 될 수도 있을 것이다.

종자돈 1억 원을 모은다고 하면 사람들은 통장에 1억 원이 들어 있어야 한다고 생각한다. 하지만 1억 원을 모았다는 결과보다 더 중요한 것은 그 돈을 모으기까지의 과정이다. 설사 목표 금액인 1억 원을 다 채우지 못한다 하더라도, 그 돈을 모으는 동안 부모와 아이에게 쌓인 금융지식은 돈으로 환산할 수 없는 귀중한 재산이 될 것이다.

그 시간 동안 얼마나 머리를 맞대고 고민했을지 상상해보라. 아이를 위한 종자돈 만들기는 모으고자 하는 목표를 설정하는 게 이렇게 중요하다.

복리의 마법 우리 아이에게도 일어날까

돈이 스스로 일을 해서 버는 것이 이자다. 우리가 돈을 모을 때 이자는 굉장한 중요한 부분이다. 요즘 같은 시대에 이자가 뭐 그리 중요하냐고 말할 수 있겠지만, 그 이자가 없이는 돈이 불어나지 않는다.

이자를 계산하는 방법은 단리, 복리 두 가지가 있다. 이 개념을 확실히 알아야 계획을 세울 수 있다. 〈2020년 전 국민 금융이해력 조사〉 결과에 따르면 한국 사람들은 복리와 관련된 문제에서 평균에 한참 못 미치는 점수를 받았다. 대출 이자에는 예민하지만 복리에 대해서는 계산할 줄 모른다는 뜻이다.

단리는 원금에 이자가 붙는 방식이다. 복리는 원금과 이자에 모두 이자가 적용된다. 1년차는 단리 적금과 복리 적금의 이자액이 같지만 2년차부터 차이가 난다. 그 이유는 복리는 1년차의 원금과 이자를 다시 원금으로 인식하여 거기에 이자를 주기 때문이다. 예를 들어 A와 B는 각각 1,000만 원이 있다. 은행에 가서 A는 '단리 연 10%' 적금을, B는 '복리 연10%' 적금을 들었다. 10년 후에는 각각 통장에 얼마가 있을까?

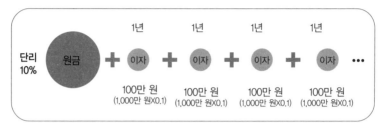

단리 10%, 10년 이자는 10,000,000원 / 복리 10%, 10년 이자는 15,937,425원

　단리와 복리는 이자에서 약 600여 만 원이나 차이가 난다. 원금에만 이자가 붙는 단리에 비해, 원금에 더해 이자까지 이자가 붙는 복리가 이익이 더 클 수밖에 없다. 시간이 길어지면 길어질수록 복리는 돈이 마법처럼 불어난다.

　아이들에게 복리를 설명할 때 흔히 눈사람 만드는 과정에 비유한다. 눈덩이를 언덕 아래로 굴리면 언덕이 길면 길수록 더 크게 뭉칠 수 있다. 눈덩이를 한번 굴리는 것을 1년이라고 한다면, 눈덩이가 크면 눈이 붙을 수 있는 면적이 넓어져 한번 굴려도 많은 눈, 곧 많은 이자가 붙는다. 그래서 긴 시간 예치하는 장기상품을 고를 때 복리가 훨씬 유리하다.

매달 26만 원씩 적립식 투자로 1억 원 만들기

형편에 따라 차이는 있겠지만 자녀를 키우는 과정에서 목돈을 한 번에 예치하기는 힘들다. 매달 월급의 일정 금액을 적립해야 한다. 얼마나 몇 년을 넣어야 1억 원이 될까? 자녀가 태어나면서 바로 투자를 시작했다고 가정해보면, 성인이 될 때까지 20년이다. 계산법이 있기는 한데 복잡하니 복리 계산기를 이용하자.

네이버에 들어가 '복리 계산기'라고 검색하면 '이자 계산기'가 나온다. 적금, 예금 대출, 중도상환수수료 중 '적금'을 선택한다. 적금은 매달 일정금액을 저금하는 것을, 예금은 목돈을 한번에 예치하는 것을 말한다. 아래와 같이 입력하면 세후 수령액이 1억이 된다.

월 적립액 : 260,000원 / 적금 기간 : 20년 / 연 이자율 : 5% / 이자 과세 : 일반과세

이자 계산기

적금　　예금　　대출　　중도상환수수료

월적립액　　　　　　　　**260,000** 원
　　　　　　　　　　　　26만원

적금기간　**년**　개월　　**20**년　　연이자율　단리　**월복리**　　5%

이자과세　**일반과세**　비과세　세금우대

원금합계　　　　　　　　**62,400,000** 원
세전이자　　　　　　　　**44,914,040** 원
이자과세(15.4%)　　　　**- 6,916,762** 원
세후 수령액　　　　　　**100,397,278** 원

매달 26만 원씩 연리 5% 상품에 20년간 적립하면 20년 후 우리 아이의 손에 1억이 쥐어진다. 세뱃돈이나 친척들이 주는 용돈까지 넣으면 더 빨리 1억 원을 모을 수 있다. 26만 원이 좀 많으면 금액을 줄이고 연 이자율이 더 높은 상품을 찾아봐야 한다. 이자율이 높은 상품은 아무래도 투자의 위험성도 함께 높아진다.

자녀의 나이에 맞춰 적금기간을 정하고, 매달 적립할 수 있는 금액을 정해야 한다. 적립액, 기간, 이자율을 잘 조절해서 계획을 세운다. 1억 원 목표가 어렵다면 금액을 5천만 원으로 낮춰서라도 꼭 목표를 세워 실천해보자.

자녀에게 매달 들어가는 사교육비를 생각하면 26만 원이 그리 많은 돈은 아니다. 메리츠자산운용 존 리 대표는 자녀를 좋은 대학에 보내기 위해 사교육에 목매지 말라고 부모들에게 조언한다. 사교육비에 쓸 돈으로 아이의 미래를 위해 투자하면 자녀가 성인이 되었을 때 훨씬 유용하게 쓰일 수 있다고 항상 강조한다. 돈을 모으기 위해선 계획이 가장 중요하다. 계획을 촘촘히 세우고 실천해야 아이가 부모를 믿고 따라올 수 있다.

CHAPTER 04

투자에 있어 시간은
우리 아이의 편이다

아이와 어른의 시간은 다르게 흘러간다. 같은 하루라도 아이의 시간은 느리게 가고, 나이가 들수록 시간이 빨리 흐른다. 1~20세는 경제 활동을 위한 준비 기간이다. 경제 활동기는 20~60세로, 40년이나 되니 꽤 긴 시간이라 할 수 있다. 그러나 모두가 경험하고 있듯 계획을 세워 돈을 모으는 게 생각처럼 쉽지 않다. 버는 만큼 소비도 같이 증가하는 시기이기 때문이다. 불안하고 조급할 수밖에 없다. 이룬 건 없는데 10년이 훌쩍 지나가 있으니 말이다. 하지만 아이의 시간은 천천히 흐른다. 부모는 아이의 시간에 맞춰 투자 계획을 세워야 한다. 시간은 언제나 우리 아이의 편이다.

장기 투자와 복리의 힘

아래는 1997년부터 2021년까지의 코스피KOSPI 차트다. 코스피는 Korea Composite Stock Price Index로 종합 주가 지수라고도 한다. 한국 거래소에 상장된 기업의 전체적 주가를 기준시점과 비교하여 나타내는 지표이다. 우리나라 경제 상황을 총체적으로 보여주는 지표라 할 수 있다. 코스피50, 코스피200 등 뒤에 숫자가 붙는 것은 상위 50개의 기업, 상위 200개의 기업을 선정하여 지수로 표시한 것이다.

1997~2021년 코스피 차트 / 출처 : 트레이딩뷰(www.tradingview.com)

우리나라는 세 번의 경제 위기를 겪었다. 1997년 IMF, 2008년은 세계금융위기, 최근 코로나까지 경제적으로 큰 타격을 입었다. 그래프를 보면 당시는 어두운 긴 터널을 지나는 듯 보였지만, 모두 1, 2년 안에 예전의 지수로 회복했다는 것을 알 수 있다. 그뿐 아니라 전체적으로 계속 우상향하고 있다. 불황기에는 경기가 끝도 없이 하락할 것 같지만 역사가 보여주는 것은 그렇지 않다.

우리 아이가 2000년 생이라고 가정했을 때, 2020년까지 20년간 코스피는 우상향했다. 2000년 IMF 이후 경기가 다시 회복되었을 때 주식을 샀다면 어떻게 되었을까? 단기 투자자라면 2001년 주가가 떨어졌을 때 다 팔고 나왔을 것이다. 하지만 장기 투자라고 생각하고 2021년까지 기다렸다면 200% 이상 상승분의 이익을 보았을 것이다.

물론 단순히 그래프로 본 것이므로 종목에 따라 다를 수 있다. 하지만 주식시장이 등락을 반복하더라도 20년을 장기 투자하면 우상향한다는 걸 기억하자. 앞서 복리와 단리에 대해 설명한 바 있다. 복리는 시간에 비례해 기하급수적으로 이자가 늘어난다. VIP 머니투데이(vip.mt.co.kr)에 2019년 4월 26일 게재된 '월 100만 원 사교육비를 주식에 20년 투자하면?'이란 제목의 기사를 보면 복리에 대해 더 잘 이해할 수 있다.

1999년 말부터 2018년 말까지 코스피 지수는 1028.07에서 2041.04로 99% 올랐다. 매년 3.7% 상승했다. 여기에 연평균 배당수익률 1.6%를 더하면, 코스피 시장의 연평균 수익률은 약 5.3%다. 20년 후 투자 원금은 2억 4,000만 원이지만, 복리 효과 때문에 4억

960만 원으로 불어난다. 복리로 거의 2배 가까운 수익을 얻게 되는 것이다.

좀 더 현실적으로 1인당 평균 사교육비를 30만 원으로 책정하고, 이를 위의 계산에 넣어보자. 매달 30만 원을 주식에 투자하면 자녀가 성인이 되었을 때 1억 2,280만 원으로 불어나게 된다.

《위대한 기업에 투자하라》의 저자 필립 피셔는 "압도적인 성장을 보여줄 종목만을 골라 충분히 오랜 시간을 기다릴 수 있다면 언제 사든, 그리고 시장 환경이 어떻든 그리 큰 문제는 아니다"라고 말했다. 성장 가치가 있는 종목을 보는 눈과 복리라는 마술의 힘은 우리가 생각하는 것보다 목돈을 모으는 데 큰 힘을 발휘한다.

아동 수당만 활용해도 목돈을 모을 수 있다

형편상 아이를 위해 매달 일정 금액을 떼놓는 것이 힘든 가정도 있을 것이다. 그럴 경우 나라에서 주는 아동 관련 수당을 이용해보자. 우리나라는 임신과 출산, 양육을 장려하고 지원하기 위한 정부와 지자체의 지원금들이 있다. 아이를 양육하기에는 부족한 액수지만 일정하게 받는 금액이기 때문에 이를 이용해서 돈을 불려보는 것이다. 아이 양육 관련 수당은 2018년 9월부터 시행되었고, 2022년부터 다음의 표와 같이 확대 시행되고 있다.

아이 양육 관련 수당

기간	구분	
0개월~23개월	**영아수당** 30만 원(2022년) 35만 원(2023년) 40만 원(2024년) 50만 원(2025년)	**아동수당** 10만 원
24개월~86개월	**양육수당** 10만 원	
~만 8세 미만		

2022년부터 새롭게 추가된 영아 수당은 월 30만 원부터 매년 5만 원씩 수령액이 증가하며, 총 2년간 받을 수 있다. 아동 수당은 영아 수당과 중복 지급되며 아이가 초등학교 들어갈 때쯤(만 8세 미만)까지 받을 수 있다.

양육 수당은 어린이집이나 유치원을 이용하지 않고 가정보육을 하는 가정에 지급되는 수당이다. 아이가 어린이집이나 유치원에 입학하게 되면 보육료가 바우처 형식으로 전환된다. 그 외에 바우처 방식으로 지급되는 출산 지원금과 지역마다 다르게 지급되는 지자체 지원금이 있다.

네 살부터 어린이집이나 유치원을 보낸다고 가정하면 영아 수당과 아동 수당만을 현금으로 받을 수 있다. 아이가 학교 들어가기 전까지 얼마를 모을 수 있는지 계산해보자. 2022년 1월생의 경우 영아 수당이 780만 원(30만×12개월+35만×12개월), 아동 수당은 950만 원(10만×95개월)이다. 이 둘을 합친 금액은 총 1,730만 원이다. 이를 코스피 종목에 투자할 경우 금액은 그 이상이 될 것이다. 또한 8년 동안 아이가 받은 세뱃돈과 용돈까지 더하면 더 많은 돈을 모을 수도 있다.

투자는 시장의 힘을 믿고 오랜 시간 투자를 하는 것이 원칙이다. 미성년 기간은 경제 활동 준비기라 할 수 있다. 투자와 시간의 힘을 배우는 기간으로, 금융에 대해서 공부하며, 알맞은 종목을 찾고, 매달 적립식으로 꾸준히 투자하는 것이 중요하다. 아이들은 어른들처럼 부양해야 할 가족이 있는 것도 아니고 생각지 못한 지출이 생기지도 않는다. 꾸준히만 한다면 큰 변수 없이 돈을 모을 수 있다. 자녀들의 투자는 멀리 보고 인내심을 가지는 것이 중요하다. 시간은 우리 아이의 편이라는 것을 잊지 말자.

CHAPTER 05

금융IQ 테스트,
우리 가족은 몇 점일까?

금융IQ는 금융이해력지수FQ라고도 말한다. 금융에 대해 얼마나 잘 이해하고 있느냐를 수치로 나타낸 것이다. 금융이해력지수와 항상 같이 등장하는 말이 금융문맹이다. 금융문맹을 처음 말한 사람은 앨런 그리스펀 전 미국 연방준비제도Fed의장이다. 그는 "문맹은 생활을 불편하게 하지만 금융문맹은 생존을 불가능하게 한다"라고 하며 금융지식의 중요성을 강조했다.

우리나라의 문맹률은 1% 대이지만, 문해력은 그리 높지 않다. 글을 읽을 수는 있지만, 글이 말하는 바와 속뜻을 깨닫지 못하는 것이다. 그럼 금융에서는 어떨까? 아래의 질문에 답해보자.

> 당신은 1,000만 원을 연이율 5% 월복리로 3년 동안 은행에 예금(비과세)해 놓았다. 3년 후에 얼마를 돌려받게 되는가?
>
> ① 1,150만 원 이하   ② 1,150만 원   ③ 1,150만 원 이상   ④ 모르겠다

위 질문의 답을 금방 찾는 사람도 있겠지만, 질문의 의미를 이해하지 못한 사람도 있을 것이다. 바로 문해력, 즉 문장을 읽고 이해하는 능력의 차이이다. 금융이해력지수FQ가 낮은 것은 금융을 활용하는 능력이 현저히 떨어짐을 뜻한다. 그러나 낮아도 크게 걱정할 필요는 없다. IQ라는 건 타고나기도 하지만, 많은 경우 경험에 비례한다. 도시 아이들보다 시골 아이들이 IQ가 낮게 나오는 이유도 학습과 경험의 정도가 달라서라고 한다. 그러니 편안한 마음으로 금융이해력지수FQ 테스트를 해보자.

당신의 금융IQ는 몇 점?

금융감독원과 한국은행은 2년마다 〈전 국민 금융이해력 조사〉를 실시하고 있다. OECD산하 INFE(경제·금융 교육에 관한 글로벌 협력기구) 가이드라인에 따라 금융지식, 금융행위, 금융태도 3가지 부문으로 나뉘어 테스트가 진행되는데, 우측에 제시한 문항들은 위의 가이드라인에 맞춰 10가지로 구성한 것이다. 좀 더 정확한 테스트를 원할 경우 '금융감독원 금융 교육센터' 웹사이트를 이용하면 된다.

1) 당신은 친구에게 100만 원을 빌려주고, 1년 후에 돌려받기로 했다. 물가상승률(인플레이션율)이 2%라고 가정할 경우, 당신이 1년 후에 받을 돈으로 살 수 있는 물건의 양은 현재에 비하여 어떤가?

① 지금보다 많다　　② 동일하다　　③ 지금보다 적다　　④ 모르겠다

2) 연 3%의 이자를 보장하는 1년 만기 정기예금에 200만 원을 입금했다면, 1년 뒤 잔액은 얼마인가? (세금, 수수료 없음)

① 206만 원보다 적다　　② 206만 원　　③ 206만 원보다 많다　　④ 모르겠다

3) 연 3%의 이자를 보장하는 1년 만기 정기예금 200만 원을 입금 후 찾지 않고, 5년 동안 입금해 둔다면(이자는 매년 지급) 5년 후에 잔액은 얼마인가? (세금, 수수료 없음)

① 230만 원보다 적다　　② 230만 원　　③ 230만 원보다 많다　　④ 모르겠다

4) 당신은 제로금리라는 말을 뉴스에서 들었다. 금리가 낮아지면 일어나는 일은 무엇일까?

① 안전한 은행에 저축하는 비율이 높아진다
② 대출을 통해 주식이나 부동산에 투자하는 사람들이 많아진다
③ 외국으로 나갔던 돈들이 국내로 다시 들어온다

5) 펀드는 운용사에 돈을 맡겨서 간접 투자하는 것이므로 원금이 보장된다

① 예　　② 아니오

6) 다음 중 신용점수를 떨어뜨리는 행위가 아닌 것은 무엇인가?

① 매달 대출 원리금을 날짜보다 일찍 갚는다　　② 신용카드를 한도 100% 사용한다
③ 마이너스 통장은 필요가 없어도 남겨둔다　　④ 공과금은 연체되도록 놔둔다

7) 여유자금이 있어 투자를 하려고 한다. 위험을 줄일 수 있는 방법은 어떤 것인가?

① 여러 투자처에 분산하여 투자한다　　② 하나의 투자처에 집중하여 투자한다

8) 매달 수입과 지출을 기록하여 가계 재무 상황을 체크하는가?

① 예　　② 아니오

9) 성인이라면 누구나 은행에서 신용카드를 만들 수 있다.

① 예　　② 아니오

10) 현재를 위해 살고 미래를 위해 저축하지 않는다.

① 예　　② 아니오

우리나라 국민들의 금융이해력지수^{FQ}는 OECD 국가의 평균보다 약간 높다. 2020년 기준 우리나라 성인의 금융이해력 총점은 66.8점으로 2018년보다 4.6점 상승했고, OECD 평균 62.0점보다 높다.

커피숍에 앉아 주변 사람들이 나누는 대화를 들어보면 과거에는 전도하는 사람들이 많더니 서서히 다단계 상품 설명하는 사람들이 늘어났고, 요즘은 한두 테이블은 주식이나 비트코인 얘기를 한다. 오랜 경기 침체로 실업률은 계속 높아지고, 더 이상 은행 예금으로 부를 유지하기가 힘들다는 것을 체감하기 때문이다.

위의 테스트는 아주 기초적인 것이지만, 아직 경험해본 적이 없는 부문은 풀기 어려울 수도 있다. 어릴 때부터 금융과 투자에 노출된 사람과 부모로부터 오직 노동의 가치만을 교육받은 사람은 어른이 되어서도 차이가 있을 수밖에 없다. 자녀는 부모의 거울이고, 부모의 경제 수준과 습관은 자녀에게 그대로 이어진다. 자녀보다 부모의 경제 교육이 선행되어야 하는 이유다.

정답

1. ③ 지금보다 적다

해설: 친구에게 이자 없이 100만 원을 빌려준 것은 그 돈을 장롱에 넣어둔 것과 같다. 물가 상승에 따라 물건 값이 오르기 때문에 100만 원으로 살 수 있는 물건의 양은 지금보다 적을 수밖에 없다.

2. ② 206만 원

해설: 3%를 소수점으로 바꾸면 0.03으로 200만 원×0.03=6만 원이다. 원금 200만 원+이자 6만 원=206만 원

3. ③ 230만 원보다 많다

해설: 이자를 복리로 계산해야 한다. 일단 2번처럼 1년째는 206만 원이다. 2년째는 206만 원에 3%의 이자가 붙는 방식으로 매년 더 늘어나게 된다.

4. ② 대출을 통해 주식이나 부동산에 투자하는 사람들이 많아진다.

해설: 금리는 이자율을 말한다. 은행에서 낮은 이자로 돈을 빌릴 수 있으므로 대출을 받는 사람들이 늘어난다.

5. ② 아니오

해설: 펀드는 전문 펀드 매니저가 관리하므로 안전성이 높긴 하나 원금이 보장되진 않는다.

6. ① 매달 대출 원리금을 날짜보다 일찍 갚는다

해설: 대출은 빨리 갚는 것이 신용점수를 높게 한다

7. ① 여러 투자처에 분산하여 투자한다

해설: 분산투자에 대한 질문이다. 분산투자는 위험도를 낮춘다.

8. ① 예

해설: 정답은 없다. 자신의 재무 관리 상황을 묻는 질문이다.

9. ② 아니오

해설: 신용이 낮으면 만들 수 없다.

10. ② 아니오

해설: 정답은 없다. 미래에 대한 자신의 대비를 묻는 질문이다.

CHAPTER 06

기업형 가계부를 통해
우리 집 경제 상황 체크하기

엄마가 금융 공부를 하기로 결심했으면 꼭 체크해야 하는 것이 있다. 바로 우리 집 가계부다. 이상하게 가계부 앞에만 서면 엄마는 작아진다. 기록하는 게 얼마나 힘들면 자동으로 되는 스마트폰 가계부 애플리케이션까지 등장했겠는가. 가계부 쓰기를 권유하면 돌아오는 말이 있다. "돈 들어오는 게 뻔한데, 뭐하러 가계부를 써요?" "맨날 마이너스예요."

하지만 만족할 만큼 수입이 없다고 하여 항상 가계부가 적자일 수는 없다. 돈 계산은 대충 넘겨버리고 부정적으로 말하는 버릇부터 버려야 한다.

이것만 외우자: 손수지, 대자부

가계 재정에 구멍이 나지 않게 하기 위해서라도 정확한 우리 집의 재정 상황을 항시 체크해야 한다. 지금부터 소개할 가계부는 단순히 수입과 지출만으로 되어 있지 않다. 우리 가정을 기업으로 보고 가계부를 좀 더 구체적으로 적는 연습을 해보자. 손익계산서와 대차대조표 두 개로 나눠서 쓰는 방법이다. 이 가계부에 익숙해지면 회사의 재무제표를 좀 더 쉽게 이해할 수 있다. 추후 투자에 대해 공부할 때 도움이 될 뿐 아니라 자녀들에게 투자를 가르칠 때 알맞은 기업을 선택하는 방법에 대해서도 교육할 수 있다.

이렇게 외우자. '손수지', '대자부'. 손익계산서와 대차대조표를 이루는 구성요소를 쉽게 암기하는 방법이다. 손익계산서는 수입과 지출로, 대차대조표는 자산과 부채로 구성되어 있어, 앞글자만 딴 것이다. 자산은 수입을 늘려주는 것이고, 부채는 내 주머니에서 돈을 빼 나가는 것이다. 그래서 자산과 수입은 짝이고, 부채와 지출은 짝이다. 자산이 늘면 수입이 늘고, 부채가 늘면 지출이 늘어난다.

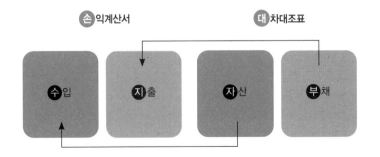

한눈에 들어오는 손익계산서와 대차대조표 쓰기

기업의 손익계산서가 바로 가계부이다. 가계부에서 수입의 종류는 근로소득, 투자소득, 기타소득으로 구분한다. 지출은 고정지출, 변동지출, 저축, 보험 등으로 나누었다. 이렇게 해놓으면 매달 수입과 지출을 한눈에 볼 수 있다. 손익계산서의 예는 아래와 같다. 간단하게 적어놓았는데, 실제는 더 구체적으로 적어야 한다. 예를 들어 자녀 보험의 경우, 보험마다 얼마가 지출되는지 구체적으로 하나하나 적어야 한다.

손익계산서(가계부)의 예

수입	금액	지출	금액
수입 총합	7,200,000	지출 총합	6,800,000
근로소득	6,000,000	고정지출	1,200,000
ㄴ 아빠 월급	3,000,000	ㄴ 대출원리금	300,000
ㄴ 엄마 월급	3,000,000	ㄴ 차량할부금	600,000
투자소득	1,000,000	ㄴ 통신비	300,000
ㄴ 주식배당	500,000	변동지출	4,300,000
ㄴ 부동산	500,000	ㄴ 생활비	4,000,000
		ㄴ 경조사비	300,000
기타 소득	200,000	저축 합계	800,000

ㄴ 성과급	0		ㄴ 연금저축	300,000
ㄴ 인세	100,000		ㄴ 주식 투자	500,000
ㄴ 저작권료	100,000		보험 합계	500,000
			ㄴ 생명보험	400,000
			ㄴ 실비	100,000

　　대차대조표는 재무상태표라고도 한다. 우리 가정의 재산 정도를 알 수 있다. 자산과 부채로 이루어져 있어, '대자부'로 외우면 손익계산서와 헷갈리지 않는다. 자산은 비유동(非流動) 자산과 유동(流動) 자산으로 구분된다. 비유동 자산은 부동산, 주택청약, 노후준비 자금 등으로 1년 안에 현금화할 수 없는 자산을 말한다. 유동 자산은 반대로 1년 안에 현금화할 수 있는 자산이다. 부채도 비유동 부채와 유동 부채로 구분된다. 구체적인 예는 아래와 같다.

대차대조표(재무상황표)의 예

자산	금액		부채	금액
총 자산	795,000,000		총 부채	144,000,000
비유동 자산	715,000,000		비유동 부채	120,000,000
ㄴ 부동산(실거주)	400,000,000		ㄴ 부동산(투자)	100,000,000
ㄴ 부동산(투자)	300,000,000		ㄴ 차량할부금	20,000,000

∟ 주택청약	15,000,000			
∟ 노후준비 자금	0			
유동 자산	80,000,000	유동 부채	24,000,000	
∟ 주식 투자	25,000,000	∟ 신용대출	20,000,000	
∟ 차량	30,000,000	∟ 마이너스 통장	0	
∟ 예/적금	15,000,000	∟ 카드 대금	4,000,000	
∟ 비상금	10,000,000			

이제 우리 집안의 가계부를 다 적어보았다. 처음 적을 때만 좀 힘들고 이후부터는 수정만 하면 되니까 그리 어려운 작업은 아니다. 이렇게 정리해놓으면 지출이 과도한 부분을 확인할 수 있고, 재산도 한눈에 볼 수 있다. 부동산의 경우 실거주과 투자 목적 부동산을 구분해야 하며, 금액은 실거래가보다 공시지가로 적어놓아야 한다. 공시지가는 한국토지주택공사에서 운영하는 부동산 정보 포털사이트 씨:리얼(seereal.lh.or.kr)에서 확인이 가능하다. 기업형 가계부는 되도록 엑셀에서 정리하는 것이 좋다.

지금까지의 가계부는 수입과 지출(손익계산서)만 기록했을 것이다. 이처럼 대차대조표를 함께 기록해놓으면 가계 재정을 한눈에 볼 수 있다. 정리된 자료는 혼자서만 보지 말고 우리 가족 경제회의에서 가족들과 공유하자. 함께 가계부를 보며 이번 달 지출을 지난달과 비교할 수 있고, 우리 집의 자산과 빚에 대해서 자녀들과 자연스럽게 이야기할 수 있다. 무작정 절약하라고 잔소리하는 것보다 오픈해서 얘기할 때 아이들은 돈이란 존재가 피부에 와 닿게 된다.

PART
02

내 아이를
가난하게 만드는
7가지 생각

CHAPTER 01

부자의 뇌, 가난뱅이의 뇌가 따로 있다?

돈은 숫자로 이루어져 있다. 그래서 셈을 잘하는 사람이 돈을 잘 벌 거라고 생각하기 쉽다. 하지만 돈은 셈하고 관련이 없다. 덧셈, 뺄셈, 곱셈, 나눗셈을 잘한다고 해서 '돈 감각이 있다'고 말하기는 어렵다. 반대로 돈 감각이 있는 사람은 셈에 능하다. 산수가 필요조건이기는 하지만 부자의 충분조건은 아닌 것이다. 회계를 잘하는 사람을 돈 감각이 있다라고 말하진 않는다. 그는 꼼꼼하고 돈 계산을 체계적으로 잘하는 사람일 뿐이다.

돈 감각이 있다는 건 돈 냄새를 잘 맡는 것이다. 감각이라는 것은 선천적으로 타고나는 면이 크다. 어떤 카페에 처음 간다고 하자. 후

각이 예민한 사람이라면 이 집 커피의 맛이 좋을지 아닐지 냄새만으로 구분할 수 있겠지만, 나의 경우 비염이 있어 커피 맛도 잘 구분하기 어렵다. 그렇다면 나 같은 사람은 영원히 커피 맛을 모르고 사는 것일까? 20년간 계속 커피를 마시고 여러 카페에 가다 보니, 경험을 통해 어느 정도는 커피 맛과 냄새를 구분할 수 있게 되었다. 타고난 것은 부족하지만 훈련을 통해 후천적으로 감각을 키운 것이다.

A엄마는 아들이 어릴 때부터 용돈 교육을 철저히 했다. 일정한 돈을 주고 지출할 때마다 용돈기입장을 쓰게 하였다. 그리고 아들이 그 덕에 회계와 관련된 직업을 가지게 된 것 같다며 자랑스러워했다. 그런데 최근 아들이 코로나 팬데믹으로 실직하고 나니, 알 수 없는 불안감이 밀려온다고 했다. 아들이 돈 감각이 없는 것 같다고, 다시 말해 돈에 밝지 않은 것 같아 걱정스럽다는 것이다.

여러분의 생각은 어떠한가? 어릴 때 용돈 교육을 시키는 것이 좋을까? 결론적으로 말하면 용돈 교육과 부자가 되는 것, 돈 감각이 생기는 것은 전혀 관련이 없다. 용돈을 준다는 건 돈을 한정하는 것이다. 부모는 자녀에게 용돈을 주면서 이렇게 생각할 것이다. '이 안에서 잘 절약해서 쓰겠지!'

이러한 마음은 아이한테 그대로 전달되고, 아이는 주어진 용돈 한도 내에서 필요한 돈을 쪼개 쓰며, 먹고 싶은 것 덜 먹고 사고 싶은 것 덜 사면서 한 달을 버틴다. 한 달 후 부모는 아이의 지출 내역이 빼곡히 적힌 용돈기입장과 잔액을 보며 만족해한다. 이것이 일반적인 부모와 자녀의 용돈 교육 패턴이다.

이는 아이의 돈 감각을 다 죽이는 교육이다. 많은 경제 관련 자녀 교육서들은 용돈 교육을 필수 사항으로 놓고 시작한다. 입장 바꿔 생각해보자. 당신에게 누군가 매달 100만 원을 통장에 입금해준다고 약속한다. 분명 성인이 한 달 살기에는 부족한 돈이다. 처음에는 아르바이트라도 해서 부족분을 채우겠지만, 시간이 지날수록 마음이 달라질 것이다. 아침에 일어나는 것도 귀찮고, 알바비 받겠다고 사장과 손님에게 굽신거리기도 싫다. 그러다 보면 자연히 돈을 더 벌려고 하기보다는 100만 원을 어떻게 아껴 쓸지 고민하는 방향으로 움직이게 될 것이다. 용돈을 자녀에게 준다는 건, 바로 이렇듯 더욱 가난하게 사는 법을 가르치는 것이나 다름없다.

부자의 뇌, 가난한 자의 뇌

돈 만들기Make Money에는 4가지가 있다. 돈 벌기, 돈 모으기, 돈 빌리기, 돈 불리기이다. 이 4가지는 각기 다른 능력이다. 가르쳐주지 않아도 일을 꾸준히 해서 돈을 잘 버는 아이가 있고, 번 돈을 잘 모으는 아이가 있다. 믿음직스럽게 보여 누구에게나 돈을 잘 빌리는 아이가 있는가 하면, 투자나 사업에 관심이 있어 돈을 잘 불리는 아이도 있다. 안타깝게도 보통 열 명 중 아홉은 돈 만들기에 재능이 없다. 더욱 안타까운 건 있는 재능도 부모가 죽이는 경우가 많다는 것이다. 한정된 돈을 주고 그 안에서 쓰게 하는 용돈 교육이 바로 그것이다.

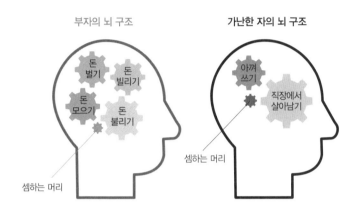

스탠퍼드 대학 심리학과 교수인 캐롤 드웩은 저서 《마인드셋》에서 우리가 살아가는 태도에 따라 성공의 여부가 결정된다고 말한다. 고정 마인드셋은 '재능은 선천적으로 타고나는 것'이라는 관점이다. 잠재력을 발휘할 수 없도록 눌러 더 이상 도전하지 못하게 된다. 반면 성장 마인드셋을 가진 사람은 '노력한다면 한계 없이 성장할 수 있다'는 믿음이 있다. 스스로를 믿고 항상 배우는 자세로 인생을 살아가는 것을 말한다. 부자가 되려면 성장 마인드셋을 키워야 한다. 부자의 그릇은 누구나 가질 수 있다. 다만 포기하지 않고 부자의 마인드를 가지기 위해 끊임없이 공부하는 노력이 필요하다.

돈 감각은 다른 감각처럼 타고나는 것이다. 그러나 경제 교육을 통해 부족한 부분을 충분히 키워줄 수 있다. 경제적으로 생각하도록 돕고 실제로 경험해보게 하고 경제 지식을 쌓게 하는 것이 우선이다. 셈을 잘하는 것은 부자들에게 필수적인 요소지만, 부자가 되는 충분조건이 되지는 못한다. 용돈을 주는 것은 아이와 부모를 둘 다 가난이라는 감옥에 가두는 심각한 행위이다. 경제 공부를 통해 돈 만들기를 경험하는 것이 빈곤의 감옥에서 탈출하는 유일한 길임을 부모들은 기억해야 한다.

CHAPTER 02

절대 빚은
지지 말아라?

우리는 부모로부터 절대 빚을 지면 안 된다고 배웠다. 자녀에게도 은연중에 빚지지 말라고 가르친다. 그런데 실제로 빚 없이 집이나 부동산을 구매하는 경우는 많지 않다. 대다수는 주택담보대출을 받아 집을 구매하며, 이것이 위험하다고 생각하지는 않는다. 도리어 더 많은 대출을 받지 못하는 걸 아쉬워한다. 신용카드도 빚의 일종이다. 한 달 동안 외상으로 사용한 금액을 일정 날짜가 되면 한꺼번에 갚는 것이다. 일상화되어 있는 일종의 단기 대출인 셈이다. 그런데 왜 우리는 빚이란 얘기만 나오면 절대 하지 말아야 되는 것처럼 생각할까?

빚의 두 가지 얼굴, 좋은 빚과 나쁜 빚

빚은 그 자체가 문제라기보다는 무엇 때문에 빚을 내느냐, 그 사용처에 따라 좋고 나쁨이 구별된다.

좋은 빚은 미래를 위해 투자되는 돈이다. 좋은 매물을 선택하면 대출을 통해 더 많은 돈을 벌어들일 수 있다. 빚을 레버리지(지렛대) 삼아 더 큰 돈을 벌 수 있는 것이다. 부자들은 자신의 돈이 있어도 은행 대출을 이용해 부동산을 구매한다. 자신의 신용과 담보를 통해 더 많은 대출을 받고, 큰 레버리지를 이용할 수 있기 때문이다. '돈 놓고 돈 먹기'란 말은 금융에서도 통용되는 이야기다. 학자금 대출이나 자격증 공부를 위한 대출도 좋은 빚에 해당한다. 그것이 자양분이 되어 더 큰 일을 할 수 있는 기회가 주어지기 때문이다.

나쁜 빚은 소비되어 없어지는 돈을 말한다. 순간적인 만족을 위해 사치품에 소비되는 돈 말이다. 내 돈을 쓸 때도 계획적으로 소비해야 하는데, 남의 돈을 빌려 흥청망청 써버린다면, 견딜 수 없는 고통이 뒤따르게 된다. 금융기관이나 다른 사람에게 돈을 빌렸을 경우, 매달 약속된 이자를 내야 한다. 시간이 지나면 원금 상환을 시작해야 하며, 약속을 어길 경우 내지 못한 이자에 이자가 붙어 빚이 눈덩이처럼 불어날 것이다. 투자에서 복리가 중요하듯, 빚도 복리로 늘어난다. 이렇듯 감당하지 못한 빚은 개인 신용을 망가트리고, 주위 사람까지 큰 피해를 입힐 수 있다.

2000년대 초반 길거리에서 상환 능력을 심사도 하지 않고 신용카드를 '묻지 마 발급' 해주던 때가 있었다. 당시에는 수입이 없는 대학생도 아무 조건 없이 카드를 만들 수 있었다. 무분별한 카드 발급과 사용은 2003년 신용카드 대란으로 이어졌다. 당시 카드 연체율은 28.3%에 달했고, 400여 만 명의 신용불량자(금융채무불이행자)를 배출하는 초유의 사태가 발생했다. 당시 나는 사회 초년생이었는데, 신용불량자 중에는 나와 같은 20대도 적지 않았던 것으로 기억한다.

아이에게 빚에 대해 가르칠 수 있을까

자녀들에게 빚에 대한 교육을 시키기는 어렵다. 아이들은 빚을 내서 투자할 일이 없고, 원하는 것은 부모의 돈으로 다 충당되기 때문이다. 빚 교육은 아이들이 간절히 원하는 게 있을 때가 좋은 기회이다.

자녀가 학교에 들어가면 다른 아이들과 스스로를 비교하기 시작한다. 고가의 브랜드 옷, 신발, 최신 스마트폰을 원하기도 한다. 이유가 확실하지 않다면 사 주지 않는 것이 맞지만, 빚과 이자에 대해서 공부시킬 수 있는 좋은 기회로 활용할 수 있다.

아이에게 인내심을 기르게 하고 싶으면 용돈을 모아서 구매하도록 유도한다. 보통 시간이 지나면 구매 욕구가 사라지게 마련이다.

대출에 대해서 공부시키는 게 목표라면 아이에게 돈을 빌려주고 바로 구매하게 한다. 그리고 매달 이자와 원금을 부모에게 갚게 하는 것이다.

제1금융권과 2금융권, 사금융 등 대출기관의 종류와 이자율에 대해서 알려주자. 그리고 부모가 선택하여 이자율을 정한다. 매달 얼마씩 갚아야 원금 상환이 될지 자녀가 직접 계산해보도록 한다. 아이는 돈을 빌려서 좋은 점과 힘든 점에 대해서 곰곰이 생각해서 스스로 결정할 것이다. 이 과정 하나하나가 경제 지식을 쌓는 데 유용한 경험이 된다.

마음이 약한 부모는 아이가 좋은 성적을 받거나 착한 일을 하면 그냥 빚을 탕감해주기도 한다. 하지만 중간에 부모 마음대로 빚을 삭감해주는 것은 바람직하지 않다. 그러면 빚에 대해 배우기보다 부모라는 절대 권력의 비위를 맞추려 할 것이다. 처음부터 아이에게 원금과 이자를 다 받을 자신이 없다면 아예 시작조차 하지 않는 것이 좋다.

아이가 빚을 감당하지 못해서 산 물건을 중고로 판매하는 한이 있더라도 끝까지 자녀 스스로 빚 상환을 끝내도록 해야 한다. 중고 판매를 통해 감가삼각(시간의 흐름에 따라 떨어진 상품의 가치를 빼는 것)에 대해 알게 되고, 물건을 구매할 때부터 신중해야 한다는 것도 깨닫게 될 것이다. 이루고자 하는 경제 교육의 목표를 완수할 때까지 부모가 인내심을 가지고 아이를 지도하려는 노력이 필요하다.

돈을 빌려주는 것이 무엇인지 체험시키기

학교를 다니다 보면 아이가 다른 친구에게 돈을 빌려주는 일도 생기게 된다. 빌린 친구가 돈을 바로 갚으면 좋겠지만, 그렇지 않을 경우 아이는 큰 속앓이를 한다.

나 또한 초등학교 때 친구에게 2,000원을 빌려주고 마음의 상처를 받은 일이 있다. 큰마음 먹고 다시 얘기했지만, 친구는 차일피일 미루며 끝내 갚지 않았다. 그 시간 동안 친구 얼굴을 보는 게 너무 고통스러웠고, 관계는 점점 불편해져만 갔다. 엄마에게는 혼날까 봐 얘기도 못하고 혼자 끙끙 앓았던 기억이 난다.

돈 개념이 없는 사람들의 경우 돈을 빌려주는 것이 무엇인지 직접 체험하고 깨닫는 것이 중요하다. 친구에게 돈을 빌려주는 것이 어떤 의미인지, 자녀에게 미리 얘기해주어라. 언제나 부모와 상담할 수 있도록 소통의 창구를 열어두어야 한다. 그런 경험이 처음이라면 잘못된 판단을 할 수도 있기 때문이다. 친구가 돈을 빌려달라고 할 경우, 자신이 아닌 친구의 부모님에게 빌리도록 말해줘야 한다. 부득이하게 빌려줘야 되는 상황이라면 돌려받지 않아도 될 정도로 소액을 빌려주게 한다.

돈 거래를 잘못하면 인간관계를 다 망가트리게 된다. 사회생활을 하다 보면 보증을 서달라거나 돈을 빌려달라는 크고 작은 요청을 받게 된다. 관계가 끊어질까 봐 또는 허세를 부리고 싶어 들어주었다가 패가망신하는 수가 있으니 조심해야 한다고 어릴 때부터 가르쳐 주어야 한다.

돈을 빌리고, 빌려주는 행위는 빚이라는 이름을 갖게 된다. 아이는 어릴 때부터 빚으로 인해 일어날 수 있는 일들을 배워야 한다. 빚을 잘 활용하면 레버리지 삼아 부를 크게 증식시킬 수 있다. 하지만 금융 지식 없이 소비해버린다면 큰 손해를 입게 되는 게 빚이다. 빚을 활용하려면 먼저 금융 공부를 충분히 해야 한다. 어릴 때 적은 돈으로 자녀에게 빚 교육을 미리 해놓으면 커서 돈을 자유자재로 활용할 수 있게 될 것이다.

CHAPTER 03

아이는 주식을
하면 안 된다?

직장을 다니는 사람들은 노동과 시간을 들여 돈을 버는 것에 익숙하다. 돈을 더 벌어야 할 때는 투 잡, 쓰리 잡을 생각한다. 그래서 퇴근 후 치킨집이나 편의점에서 알바를 하거나 대리운전을 한다. 하지만 어떤 사람들은 시간을 덜 들이면서도 돈을 벌 수 있는 방법을 강구한다. 내가 일하는 것이 아닌 돈이 일하는 시스템을 만들려고 고민한다. 아이디어를 사업화할 생각을 하고, 투자할 곳을 찾아다닌다.

시간은 누구에게나 공평하게 주어진다. 자신의 노동력만을 가지고 돈을 벌려 하면 24시간에 갇히게 된다. 게다가 나이가 들면 체력의 한계에 부딪혀 더 이상 돈을 벌 수 없는 상황이 온다. 시간이 흐를수록 노후자금 준비에 대한 걱정에 빠진다.

반면에 시간을 무한하게 만드는 방법이 있다. 자신의 사업에 누군가를 고용해서 일하게 하면 다른 사람의 시간을 이용하는 것이다. 내가 가진 돈을 주식이나 부동산에 투자하면 자고 있을 때도 돈이 불어나게 된다. 자녀에게 시간에 끌려다니는 대신 시간을 이용하는 방법을 가르쳐줘야 한다.

레버리지 당할 것인가, 레버리지 할 것인가

《레버리지》의 저자 롭 무어는 30세에 부와 성공을 거머쥔 백만장자 사업가이다. 수차례 사업에 실패하고 학자금 대출에 5만 파운드의 빚까지 떠안고 밑바닥부터 시작했지만, 자기 자본은 한 푼도 들이지 않고도 500채 이상의 부동산을 소유하는 데 성공했다.

그가 생각하는 부의 법칙은 간단히 말하면 타인을 활용해 중복과 시간 낭비를 배제하고 높은 수준의 성취를 얻는 것이다. 그에 따르면 현대사회의 사람들은 두 가지로 구분된다. 레버리지를 당하는 사람과 레버리지를 하는 사람이다. 레버리지를 당하는 사람은 노동자다. 노동자를 레버리지로 이용하는 사람들이 바로 자본가이다. 현대 자본주의 사회에서는 말 그대로 자본가가 사회를 이끌어간다.

중학생 경제 유튜버인 쭈니맨(권준)은 투자가이자 사업가이다. 초등학교 때 주식 투자를 시작하여 1년 만에 1,500만 원의 수익을 낸 것으로 유명하다. 당시 평균 수익률이 51%로 초등학생으로서는 굉장한 수익률을 자랑했다. 어릴 때부터 사업가의 기질도 발휘했다.

그는 〈제8회 대한민국 금융대전-로그인머니〉에 출연하여 부모님에 대해서 언급한 바 있다. 7살 때 미니카를 팔아보면 어떨까 생각했는데, 그 말을 들은 그의 어머니는 전폭적으로 지지해주었다고 한다. 사업 계획서를 써오도록 하고, 직접 도매로 미니카를 사 와서 판매하도록 도와주었다. 엄마의 전폭적인 지지가 자녀를 어린이 사업가로 만든 것이다.

투자에 대해 부담을 갖는 어른들이 많이 있다. 내가 컨트롤할 수 없다는 막연한 두려움 때문이다. 월급은 나의 노동의 대가라 확실한 것이지만, 투자라는 건 그냥 운에 맡기는 것처럼 느껴진다. 투자는 '리스크'가 너무 크다는 것이다. 리스크^{risk}는 흔히 위험이라고 해석되지만, 불확실성이라고 말하는 것이 옳다. 불확실성에 확신을 더하려면 투자 대상에 대한 지식을 습득하는 수밖에 없다.

경제 교육이 중요한 이유는, 내 아이를 레버리지 당하는 대신 레버리지 하는 쪽에 서게 하기 때문이다. 예전에는 자녀의 대학 학자금이나 유학 자금 마련을 위해 부모가 직접 주식에 투자를 했다. 아이가 크고 난 후 필요한 곳에 유용하게 쓸 수 있었으나, 정작 수혜자인 자녀는 돈에게 일을 시키는 방법은 익히지 못했다. 흔히 말하는 대로, 부모는 자녀에게 물고기를 잡아주는 대신 물고기 잡는 방법을 가르쳐야 한다. 직접 잡아주면 한번은 배부르게 먹을 수 있겠지만, 물고기를 잡는 방법을 모르니 더 이상 물고기를 먹을 수 없게 된다.

아이에게 투자를 가르치는 것은 빠르면 빠를수록 좋다. 노동자로 머리가 굳어지면 생각의 틀을 깨는 것이 정말 어렵다.

좋아하는 일과 투자의 병행은 필수다

세상에는 다양한 직업이 있다. 내 아이가 덜 힘들면서 돈은 많이 버는 일을 했으면 하는 것이 모든 부모의 바람일 것이다. 요즘 사람들은 '적게 일하고 많이 버세요'라는 말을 덕담으로 자주 한다. 시간과 노동을 덜 쓰면서 돈을 많이 벌라는 것이다. 투자에 대해서 강조하면, 일하지 말고 투자만 해야 한다는 식으로 이해하는 분들이 있다. 그러나 그것은 잘못된 생각이다. 일을 하면서 얻는 성취와 보람은 인생의 중요한 가치 중 하나이며, 자녀가 어릴 때부터 자신의 적성을 찾고 좋아하는 일을 하도록 돕는 건 꼭 필요하다.

그러면 아이가 좋아하는 일과 투자의 균형을 어떻게 잡을 수 있을까? 소득에는 네 가지 종류가 있는데, 근로소득, 지식소득, 사업소득, 투자소득이 그것이다. 근로소득과 지식소득은 노동자에 가깝고, 사업소득과 투자소득은 자본가의 소득이다.

요즘 블록체인에서 많이 언급되는 NFT를 예로 들어 설명해보자.

NFT는 Non-Fungible Token의 줄임말로 '대체 불가능한 토큰'이라는 뜻이다. 디지털 공간에서 유통되는 자산이 불법 복제되지 않도록 소유권을 부여하는 것을 말한다. 이 기술을 이용해 미술, 음악, 영상, 게임 등의 창작물의 소유권을 매수할 수 있다.

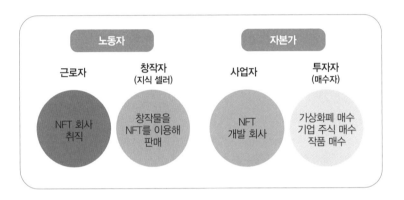

아이가 코딩에 관심이 높다면 NFT 관련 회사에 취직하여 프로그래밍을 할 수 있을 것이다. 또는 이미 창조되어 있는 플랫폼에서 자신의 창작물을 파는 지식 셀러가 될 수 있다. 나아가 NFT 거래의 기반을 만드는 회사를 창업할 수 있고, NFT 관련 회사에 투자도 할 수 있다.

이렇듯 자신의 좋아하는 분야에서 꿈을 이루면서도 자본가의 길을 갈 수 있는 방법은 얼마든지 있다. 꿈을 노동자라는 틀에 국한시키면, 평생 자신의 노동을 팔면서 살 수밖에 없다. 하지만 자본가의 마인드로 꿈을 바라보면 같은 관심사를 가지고 있더라도 나가는 방향이 전혀 다르게 된다.

아이에게 금융 교육을 시키지 않는다고 해서 당장 큰 문제가 생기는 것은 아니다. 그러나 훗날 자본가에게 레버리지 당하는 삶을 살지, 레버리지 하며 살지는 결정된다. 많은 부모들이 좋은 대학, 좋은 직업, 좋은 직장을 외치지만 정작 아이들은 크리에이터, 유튜버, 인플루언서가 되길 바란다. 부모들의 생각도 많이 달라지긴 했지만, 여전히 대학에 목을 매고 사교육 시장은 계속 성장하고 있다. 소중한 내 아이를 노동자로 키우겠는가, 아니면 돈이 일하는 시스템을 가진 자본가의 세계로 이끌겠는가.

CHAPTER 04

세뱃돈은
부모의 돈이다?

돈에 대한 개념이 잡히기 시작하면 아이들은 욕심을 부리기 시작한다. 친척들이 준 용돈이나 세뱃돈을 자기가 갖겠다고 떼를 쓰는 것이다. 어른들이 보기에는 떼를 쓰는 것이지만, 아이들 입장에서는 정당한 주장이다. 본인한테 준 돈이니 자기 것이라는 거다. "잃어버릴 수 있으니 엄마가 가지고 있을게"라고 하얀 거짓말을 하며 엄마들은 그 돈을 가져온다.

정확하게 그 돈의 유래를 가르쳐주기도 한다. "이건 엄마가 작년에 삼촌 딸에게 용돈을 줬기 때문에, 삼촌이 너에게 준 거야. 그러니까 엄마 거야." 나는 어릴 때 삼촌이 준 세뱃돈 1만 원의 역사를 엄마에게 듣고 어안이 벙벙했던 기억이 있다. 정확한 이유는 몰라도 왠지 눈 뜨고 코 베인 기분이었다.

세뱃돈은 아이의 돈, 부모는 그 돈의 청지기

가정의 큰 논쟁거리인 세뱃돈 문제는 돈의 특성을 잘 생각해보면 거기에 답이 있다. 돈은 물물교환을 위해 탄생했다. 엄마가 조카, 그러니까 삼촌의 딸에게 1만 원을 주었다면 엄마는 이미 그 대가를 받았다. 바로 체면이다. 삼촌과 조카에게 체면치레를 한 것이다. 삼촌도 나에게 1만 원을 주면서 우리 엄마와 나에게 삼촌으로서의 면을 세웠다. 1만 원을 체면 값으로 서로 지불한 것이다. 그러니 그 돈은 엄마의 돈이 아닌 것이 맞다.

그렇다면 부모는 무엇을 해야 할까? 부모는 세뱃돈의 청지기가 되어야 한다. 청지기는 관리자로 주인이 맡긴 돈을 주인의 뜻대로 잘 관리하는 자이다. 아이는 돈에 대해 어렴풋하게 알 뿐이지 아직 미성숙하다. 당연히 관리는 부모가 해주어야 한다. 돈을 받고 굉장히 신나 있던 아이는 그 돈을 모두 저축하라는 말에 시무룩해질 것이다. 경제 교육을 받지 못한 아이에게 저축이란 부모가 뺏어 간다는 의미다. 잘 설명해줄 필요도 있지만 적당한 선에서 합의가 필요하다.

내가 제시하는 건 10%는 기부금으로 빼두고, 나머지 90% 돈을 가지고 반은 투자용, 반은 아이의 개인 용도로 사용하라는 것이다. 투자용은 자녀와 상의하여 알맞은 곳에 아이의 이름으로 투자해야 한다. 세뱃돈의 처리 문제는 아이에게 돈의 미래 가치에 대해 얘기 해줄 수 있는 절호의 기회이다.

세뱃돈을 아이가 게임기를 사는 데 다 쓰겠다고 해도 반드시 기부 금과 투자금을 먼저 떼어놓아야 한다. 부족분은 평소 모아놓은 용돈 으로 충당하게 한다. 투자 비율은 가정의 상황에 맞춰 변경해도 되 지만, 되도록 투자의 비율은 50% 이상으로 하는 것이 좋다. 그리고 한번 정한 비율을 시시때때 편의에 따라 바꾸면 안 된다. 부모는 항 상 정해진 기준에 따라서 움직여야 한다.

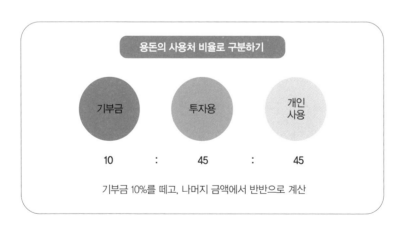

용돈의 사용처 비율로 구분하기

기부금   투자용   개인 사용

10   :   45   :   45

기부금 10%를 떼고, 나머지 금액에서 반반으로 계산

세뱃돈으로 할 수 있는 투자

투자처로는 적은 돈으로도 투자가 가능한 주식을 권한다. 아이의 이름으로 통장을 만들려면 부모의 동의가 필요하다. 투자할 회사를 직접 고르기 힘들다면 펀드에 가입하는 방법도 있다. 주식 시장이 너무 과열되어 있다고 생각되면 달러 통장을 만들어서 달러로 저축하는 것도 좋다. 환율이 얼마일 때 달러를 사야 하는지 잘 모르겠다면, 달러도 주식이라고 생각하면 금세 이해될 것이다. 주가가 떨어질 때 주식을 사는 것처럼, 달러도 환율이 낮을 때 사고 높을 때 팔아야 한다. 비교적 불안정한 자산인 주식과 안전자산인 달러는 상호보완이 가능하다.

세뱃돈은 아이의 돈이고, 부모는 아이 돈의 청지기이다. 우리는 부모로서 아직 미숙한 자녀의 돈을 잘 관리할 의무가 있다. 청지기는 돈을 관리하면서 그 돈의 주인도 잘 교육시켜야 한다. 세뱃돈은 아이에게는 큰돈이지만, 어른에게는 쉽게 소비될 수 있는 적은 돈이다. 괜히 가져가서 분란을 일으키지 말고 자녀에게 주자.

이 세뱃돈은 아이의 시간과 합쳐질 때 더 큰 힘을 발휘한다. 청지기인 부모에게는 20년의 시간이 주어져 있다. 아직은 적은 돈이지만 관리만 잘하면 자녀가 성인이 되었을 때 꼭 필요한 종자돈이 되어 있을 것이다. 훗날 그 종자돈을 불려나가는 것은 성인이 된 자녀의 몫이다.

CHAPTER 05

부족하면 금전 지원을 해줘라?

　아이들은 돈이 부족하면 "나, 이거 사게 돈 좀 줘" 하며 쉽게 부모에게 손을 내민다. 자신이 먼저 해결하려고 고민하지 않는다. 그렇지 않은 아이도 있겠지만 대부분의 아이는 돈에 큰 관심이 없다. 금전 문제를 이렇게 처리하는 것에 익숙해진 아이들은 커서도 비슷하게 행동한다. 결혼하거나 집을 사야 할 때 부모에게 손을 내민다. 가족끼리 서로 도와주는 건 좋은 일이다. 그러나 쉽게 도와주는 것에 익숙해지면 자녀는 더 이상 자신의 상황을 타개할 방법을 고민하지 않을 것이다. 왜 우리 집은 돈이 없느냐며 부모를 원망할 뿐이다.

　성인이 된 자녀는 돈이 필요하다면 은행을 먼저 찾아야 한다. 은행에서 대출을 받을 수 있을까 생각하고, 은행에서 무엇을 보고 돈을 빌려주는지 공부해야 한다. 대출의 조건은 3가지이다. 담보, 신용, 소득증명이다. 크게 보면 물적 담보와 인적 담보로 나뉜다. 이것을 잘 이용해서 최소의 이자로 최대의 대출금을 받을 수 있게 노력해야 한다. 이런 과정을 거치면서 금융에 대해서 공부하고, 돈 감각이 생기게 된다.

빚에 대한 리스크 또한 자녀 스스로 부담해야 옳다. 본인이 해결하지 못해 부모의 재산과 조건을 담보로 걸고 금융기관에서 돈을 빌리는 경우가 있다. 잘못될 경우 부모의 노후자금까지 날리는 불행한 상황에 놓이게 된다. 타인에게 보증을 요청한 경우도 마찬가지다. 돈은 본인이 쓰고, 그 리스크에 대한 책임을 타인에게 지운다는 건 말이 안 된다. 금융기관에서 통용되는 신용을 쌓고, 스스로 금전문제를 해결하도록 해야 한다. 그래서 어릴 때부터 신용을 가르치는 것이 필요하다.

부족한 것은 돈이 아니라 돈에 대한 지식

전셋집을 계약하는 데 돈이 부족하다면 자녀는 어떤 고민을 하는 것이 바른 순서일까? 가장 먼저 어떻게 하면 금융기관에서 대출을 받을 수 있을까를 생각해야 한다. 다음은 집을 싸게 계약할 수 있는 방법을 고민하며, 주인과 협상하고자 노력해야 한다. 안 되면 좀 불편하더라도 자기의 분수에 맞는 집을 다시 찾아야 한다. 그럴 경우 자녀는 열심히 돈 공부를 해서 다음엔 꼭 자신이 원하는 집을 사겠다고 결심할 것이다. 부모가 모든 것을 떠안고 대신 희생하려 들면, 자녀는 그 과정에서 아무런 배움도 얻을 수 없다.

여러분의 자녀에게 부족한 것은 돈이 아니라 돈에 대한 지식이다. 돈 공부와 다양한 경험을 통해 금융과 생활 지식을 쌓을 수 있도록 해야 한다. 용돈이 부족하다고 하여 어릴 때부터 손쉽게 금전 지원을 해주는 것은 바람직하지 않다. 돈을 빌린다는 의미를 가르쳐 줘도 좋다.

미성년자는 금융기관을 이용한 대출은 불가능하므로, 대신 부모가 가정에서 신용과 이자를 가르칠 수 있는 방법을 연구해야 한다. 부모와 자식 간의 신용은 평소 약속을 얼마나 잘 지키느냐에 따라 달라진다. 아이가 뭔가를 간절하게 사고 싶어 하는 경우, 경제 교육을 위해 대출계약서를 쓰고 이자를 내고 돈을 빌리게 하는 연습을 시켜도 좋다.

세계적인 투자가 워런 버핏은 절대 자녀들에게 대가 없이 돈을 주지 않았다고 한다. 그의 세 자녀들은 교육비 외에는 아무것도 부모에게 기댈 수 없었다. 그의 맏딸 수전이 아버지에게 주차비 20달러를 빌리기 위해 체크(수표)를 썼다는 일화는 유명하다. 또한 막내아들 피터는 이사를 위해 돈이 필요했을 때 은행에서 대출을 받아야 했다. 대부호인 워런 버핏조차 자녀에게 이유 없이 돈을 주지 않았던 것이다. 그는 자녀들을 위해 자신의 교육방침을 철저히 지켰다.

우리가 자녀에게 유산으로 물려줘야 할 것은 돈이 아니라 경제 지식과 문제를 헤쳐나갈 수 있는 지혜다. 부모 입장에서는 사랑하는 자녀의 부족분을 채워주고 싶은 게 당연하다. 하지만 이는 자녀에게 배울 수 있는 기회를 박탈하고, 성장을 막는 것이다.

성공한 부자들의 경우 자녀에게 돈을 유산으로 남기지 않는 사람들이 많다. 워런 버핏과 빌 게이츠가 대표적이다. 그들은 사회 환원에 대한 자신만의 확고한 신념이 있다. 또한 천문학적인 재산을 물려줬을 때 자녀에게 미칠 악영향에 대해서 잘 알고 있다. 경제 지식과 경험을 통해 배우게 되는 지혜는 그 무엇으로도 살 수 없는 큰 유산이다.

CHAPTER 06

아이에게
빠른 증여는 좋지 않다?

부모는 내 아이가 성인이 되었을 때 목돈을 손에 쥐여주고 싶다. 어느 정도 여유자금만 있다면 자녀에게 증여하고 싶은 것이 모든 부모의 마음일 것이다.

증여를 하고 싶은 부모는 체계적으로 계획을 세워 증여를 실행해야 한다. 왜냐하면 증여에는 세금이 붙기 때문이다. 내가 번 돈 내자식에게 주겠다는데 왜 세금을 내야 하느냐고 불평할 수도 있겠지만, 가난의 대물림을 완화하고 부의 재분배를 실현해야 하는 사회적 측면에서는 필요한 조치라 볼 수 있다.

증여, 빨리 할수록 좋다

우선 상속과 증여의 차이에 대해 알아보자. 상속은 상속자가 세상을 떠난 후에 저절로 상속받는 것이고, 증여는 증여자가 살아생전에 자신의 의지로 재산을 물려주는 것이다. 우리나라의 상속·증여세율이 OECD 국가들 중 2위이다. 최고 증여세율은 50%로, 우리나라보다 높은 나라는 일본(55%)밖에 없다. 증여세율이 높은 국가는 일본, 한국, 프랑스, 영국, 미국 순이다.

'소득이 있는 곳에 세금이 있다'라는 말이 있다. 상속과 증여는 받는 사람 입장에서 보면 아무런 노력 없이 그냥 주어지는 불로소득으로 인식되므로 다른 세금에 비해 세율이 높은 편이다.

목돈이 있는 부모는 아이에게 일찍 증여해서 자녀 이름으로 돈을 불리는 것이 좋다. 아이에게 증여가 된 이후 불어난 돈에 대해서는 소득세는 내지만, 증여세를 더 낼 필요는 없다. 부모가 돈을 불려서 큰돈을 한꺼번에 증여하려고 하면 더 많은 증여세를 내야 한다. 부모가 돈을 불리는 것이 더 편하고 빠르지만 증여세의 문제에 부딪히게 된다.

법체계 안에서 증여를 하면서도 세금을 줄일 수 있는 방법이 있다. 증여를 할 때는 다음의 표에 제시된 비과세 한도와 기간을 꼭 체크해야 한다.

증여 비과세 한도와 기간

증여자	수증자(증여받는 사람)	비과세 한도	기간
직계존속	미성년	2,000만 원	10년
직계존속	성년	5,000만 원	10년

증여세의 과세표준과 누진공제액

과세표준	세율	누진공제액
1억 원 이하	10%	-
1억 원 초과 ~ 5억 원 이하	20%	1,000만 원
5억 원 초과 ~ 10억 원 이하	30%	6,000만 원
10억 원 초과 ~ 30억 원 이하	40%	1억 6,000만 원
30억 원 초과	50%	4억 6,000만 원

증여는 증여자가 아니라 수증자(증여받는 사람)가 기준이다. 미성년자는 2,000만 원, 성년은 5,000만 원까지 세금이 부과되지 않는다. 직계존속은 조상으로부터 직선으로 이루어지는 혈족의 관계를 말한다. 엄마, 아빠, 조부모가 각각 2,000만 원을 아이에게 증여하면, 아이가 증여받는 액수가 2,000만 원을 초과하므로 나머지 4,000만 원에 대한 세금을 납부해야 한다. 자녀를 기준으로 보면 엄마, 아빠, 조부모는 모두 직계혈족이므로 합산하여 계산된다는 것을 기억하자.

증여는 체계적으로, 경제 교육은 더 철저히

부모가 경제적으로 여유롭다면 자녀가 태어날 때 2,000만 원, 열 살 때 2,000만 원, 스무 살이 될 때 5,000만 원을 비과세로 증여할 수 있다. 합이 9,000만 원이다. 그사이 아이의 이름으로 투자된 이익을 생각한다면 더 많은 돈이 증여된 효과가 있다. 만약 9,000만 원을 성인이 된 자녀에게 바로 증여한다면 5,000만 원은 비과세, 나머지 4,000만 원에서 10%(1억 원 이하)의 세금 400만 원을 내야 한다. 때로 부자들은 경기가 좋지 않아 주식 값이 떨어지면 이를 이용해서 아이에게 주식을 증여하기도 한다. 싼 가격에 받았기 때문에 다시 경기가 좋아지면 자연스럽게 투자수익이 생긴다.

증여를 할 때는 비과세든 과세에 해당되든 다 신고해야 한다. 신고 기한은 증여한 날로부터 횟수로 3개월째 되는 달의 30일(마지막 날)까지다. 신고를 위해 증여받을 자녀의 잔고 증명서, 가족관계 증명서, 기본증명서를 스캔해서 준비해둔다. 아이 명의로 로그인해야 하기 때문에 아이의 공인인증서가 필요하다. 국세청 홈택스(hometax.go.kr) '접속〉신고/납부〉세금신고〉증여세'에서 신고할 수 있다. 공란을 다 작성한 후 마지막 단계에서 준비해놓은 3가지 서류를 첨부하면 신고 절차가 끝난다.

여유 자금이 있어 아이에게 주고 싶은 마음이 있다면, 10년 단위로 체계적으로 증여 계획을 세워야 한다. 증여는 빨리 할수록 아이나 부모에게 유리하다. 아이의 이름으로 일찍 투자를 시작할 수 있고, 이를 통해 자녀에게 투자에 대해 가르칠 수도 있다.

　신경 써야 하는 부분은 불로소득에 대한 아이의 이해이다. 아무 노력 없이 거금의 돈을 부모로부터 받았기 때문에 아이가 돈의 교환 가치에 대한 잘못된 생각을 가지게 될 수 있다. 증여 이후 아이의 경제 교육에 부모는 좀 더 힘써야 한다.

CHAPTER 07

땀 흘려 번 돈만
가치 있다?

단순하게 생각하면 우선 부자가 되려면 수입이 많아야 한다. 소득의 종류는 돈을 어떤 관점으로 바라보느냐에 따라 달라진다. 금융교육적인 측면에서는 노동력의 정도에 따라 소득을 나눈다. 앞서 언급했듯 근로소득, 지식소득, 사업소득, 투자소득이 바로 그것이다. 다음 페이지 상단에 있는 그림을 보자. 오른쪽으로 갈수록 노동력의 투입은 적어지는 데 반해 소득은 올라가게 된다.

네 가지 소득을 각각 알아보고 우리가 추구해야 하는 소득은 무엇인지 알아보자.

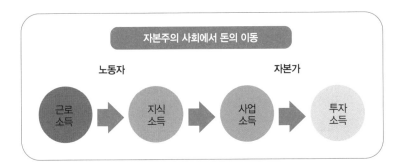

부의 기본이 되는 근로소득

근로소득은 노동소득이라고도 하는데 소득 중 가장 기본이 되는 소득이다. 가족의 생활을 영위하게 하는 안정적이고 소중한 수입이다. 그러나 근로소득은 태생 자체가 한계가 있다.

우선 시간에 비례하는 소득이므로 내가 움직이지 않으면 한 푼도 들어오지 않는다. 하루는 24시간이고, 육체는 한계가 있다. 원하는 만큼 무한정 움직일 수 없다. 두 번째는 나를 고용한 고용주로부터 나오는 돈이기 때문에 제한적이다. 고용주가 정해놓은 규칙을 지켜야만 하고, 규칙을 불리하게 바꿀 수 있는 권한이 고용주에게 있다. 결국 나에게 주도권이 없는 소득이다.

그렇지만 자녀에게 가장 처음 가르쳐야 하는 것이 바로 근로소득이다. 돈이 많은 부자들은 자녀가 돈을 풍족하게 쓸 수 있도록 지원할 것 같지만 그렇지 않다. 돈이 노동의 대가라는 것을 어릴 때부터 철저하게 가르친다. 부모가 부자가 아니더라도 아이들은 자신의 부모를 돈이 무한정 나오는 화수분이라 생각하는 경우가 많다. 부모를 믿고 의지하는 건 감사한 일이지만 경제 교육에서는 빵점 자녀를 만드는 것이다.

샘 월튼은 세계 최대 유통 회사인 월마트를 설립한 창업자이다. 그의 가문은 포브스가 선정한 세계 부자 가문 1위이다. 샘 월튼은 어릴 때부터 자녀들을 마트에서 일하게 했고, 일해서 받은 월급으로 새로운 점포를 열 때 지분 투자를 하게 했다. 심지어 막내딸인 엘리스는 5세 때부터 마트에 나와서 일을 했다. 그는 자녀들이 어려서부터 스스로 돈을 벌게 했고, 번 돈을 가지고 어떻게 투자해야 하는지 가르쳤다.

어릴 때부터 돈을 버는 게 힘들다는 것을 알려주어야 한다. 일을 해서 용돈을 스스로 벌면 돈을 아껴 쓰게 된다. 더 벌 수 있는 방법을 생각하게 되고, 수입에 따라 지출을 조정하게 된다. 자연스럽게 미래 계획도 세울 수 있다.

사회생활을 하는 어른들에게 근로소득은 자연스러운 것이지만, 아이들은 몸소 체험할 수 있는 환경을 만들어줘야만 땀 흘려 버는 돈의 소중함을 알 수 있다. 방과 후에 게임에 정신이 팔려 아무 일도 안 하면 게임 아이템을 살 돈도 없다는 걸 알게 해주는 것이 부모의 몫이다.

근로소득은 무엇보다 집에서 가장 먼저 가르쳐야 하는 금융 교육임을 명심해야 한다.

시공간을 초월하는 지식소득

지식소득은 근로소득에 들어가지만 훨씬 자유롭고 확장성이 있다. 시공간을 초월한 인터넷을 기반으로 한 소득이기 때문이다. 과거에는 오프라인 마켓에서만 물건을 살 수 있었다. 인터넷이 발달하면서 우리는 무한대의 진열장에서 상품을 구입하고 판매할 수 있다. 인터넷이라는 무한한 진열대에 올려놓기만 하면 사람들은 원하는 물건을 검색만으로 쉽게 찾을 수 있다. 그것이 바로 World Wide Web, WWW가 의미하는 것이다.

블로그, 유튜브, 인스타그램 등을 통해 물건뿐 아니라 각종 콘텐츠를 파는 지식 셀러들이 급부상하고 있다. 인터넷에서 활동하는 인플루언서는 웬만한 연예인의 인기를 능가한다. 걸어 다니는 1인 기업이다.

특히 온라인상에서는 OSMU_One Source Multi Use_가 가능하다. 하나의 소스를 가지고 여러 매체에 활용할 수 있다. 하나의 내용을 텍스트, 사진으로 표현하면 블로그 콘텐츠가 되고, 영상으로 제작하면 유튜브가 된다. 광고 형식으로 만들면 인스타그램에서 판매할 수 있는 콘텐츠가 되기도 한다. 나아가 메타버스Metaverse, 가상세계에서도 판매가 일어나는 세상에 살고 있다.

부모들이 디지털 네이티브 세대라면, 우리 아이들은 스마트 네이티브 세대이다. 태어날 때부터 스마트폰을 손에 들고 나왔다. 교육부에서 실시한 〈2021 초·중등 진로교육 현황조사〉에 따르면 장래희망 4위가 '크리에이터'이다. 크리에이터는 자신의 생각이나 지식을 사람들이 공감할 수 있도록 풀어놓는 창작자 마인드가 있어야 한다.

자녀가 콘텐츠 창작에 관심이 있다면 재능을 발전시켜 주면 좋다. 아이에게 미래의 먹거리를 만들어주는 의미도 있지만, 창작은 창의성과 기획력을 길러주는 좋은 재료가 된다.

지식 셀러는 엄마들이 진출하기에도 진입장벽이 낮다. 콘텐츠를 만드는 데 시간과 공간의 제약이 없고, 판매도 시공간을 초월하기 때문이다. 강의를 하다 보면 "유튜브 다음에는 어떤 매체가 인기를 끌까요?"라는 질문을 자주 받는다. 다음이 무엇인지는 정확히 모른다. 메타버스가 인기를 끌고는 있지만 그것이 얼마나 지속될지는 알 수 없다. 분명한 것은 1인이 브랜드가 되는 1인 지식기업의 인기는 계속될 거라는 점이다.

일찍 시작하는 사람은 다른 세계가 열릴 때 새로운 세계를 가장 빨리 장악한다. 스마트 시대가 우리처럼 평범한 사람에게 열어준 선물이다.

내가 하는 사업의 목표가 어디인가

사업소득은 말 그대로 사업을 해서 얻는 소득이다. 많은 직장인들이 회사를 그만두고 사업을 하고 싶어 한다. 여기서 말하는 사업은 장사와는 성격이 다르다.

퇴직금으로 부부가 치킨 집을 하는 것은 사업이 아니라 노동이라고 볼 수 있다. "처음엔 다 그렇게 시작하는 거 아닙니까"라고 반문할지 모르지만 사업은 목표가 다르다. 내가 만든 브랜드의 치킨을 가지고 프랜차이즈로 펼치는 것이 목표라면 사업이다. 그러나 치킨을 많이 팔아서 돈을 벌겠다고 하는 것은 자신의 노동을 파는 장사이다.

사업을 시작할 때 목표를 어디에 두는지가 중요하다. 예를 들어 내가 세상에 둘도 없는 맛있는 치킨을 개발했다고 하자. 장사가 목표라면 치킨 장사가 잘되기 시작하면 직원을 늘리면서 가게를 크게 넓혀갈 것이다.

하지만 프랜차이즈 사업을 생각하고 있다면 가맹 점주를 모집할 방법을 생각할 것이다. 누구나 쉽게 조리할 수 있는 조리법을 개발하고, 식자재, 장비, 점포의 인테리어, 마케팅, 로열티 관련 회계까지 고민한다. 목표를 어디에 두느냐에 따라 장사가 될 수도 있고, 사업이 될 수도 있는 것이다.

엄마와 자녀가 함께 사업을 직접 체험해볼 수 있는 방법이 있다.

지역 벼룩시장이나 플리마켓을 이용하면 된다. 보통 지역 맘카페에서 운영하는 벼룩시장이 분기별로 있다. 손수 만든 물건이나 아이들이 커서 더 이상 사용하지 못하는 중고 물품을 판매한다.

물건을 싸게 구입해서 이익분을 더해 판매할 수 있는 방법을 자녀와 함께 고민해보자. 벼룩시장은 중고 물품의 감가상각에 대해 설명해줄 수 있는 좋은 기회다. 홍보 문구도 함께 만들어보자. 자녀가 흥정도 직접 해볼 수 있다.

미국에서는 아이들이 레몬에이드를 밖에 나와 파는 모습을 흔하게 볼 수 있다. 사업가가 되어볼 수 있는 기회를 주는 것이다. 이를 계기로 레몬에이드 사업을 시작한 꼬마 사업가가 미국에서 여럿 탄생했다.

이를 우리에게 적용해본다면 아이와 함께 텃밭에서 채소를 키워 지인이나 친척에게 판매해보는 것은 어떨까. 마트에 가서 판매 중인 당근의 가격과 내가 키운 당근을 비교해서 얼마에 팔지 가격을 책정해본다. 중학생 이상이면 반려동물 산책이 힘든 이웃의 강아지를 대신 돌봐주는 서비스를 제공하는 회사를 차리도록 해도 좋다.

조심할 부분은 꼭 부모의 통제하에서 자녀가 움직일 수 있도록 해야 한다는 것이다. 어릴 때부터 아이 스스로 고민해서 돈을 버는 쪽으로 머리를 쓰도록 해야 한다.

돈 만드는 시스템의 종착지. 투자소득

앞서 말한 세 가지, 근로, 지식, 사업소득에서 번 돈의 종착지는 한 곳이다. '돈이 일하는 시스템' 속에 모두 들어가게 된다. 투자소득은 크게 금융소득과 부동산소득으로 나뉜다. 금융소득은 이자나 배당과 같이 금융 거래를 통하여 획득하는 수입이다. 부동산소득은 실거주 주택을 제외한 임대용 부동산을 통해 얻는 월세 수입이나 팔았을 때 얻는 차익이다. 투자소득은 내가 움직여서 돈을 버는 게 아니고, 돈이 스스로 움직여서 버는 소득이다.

기업인인 김미경 대표를 여전히 유명한 스타 강사로 알고 계신 분들이 많다. 한참 TV 강연에서 활발한 활동을 하던 그가 어느 날 유튜브로 자리를 옮겼다. 유튜버로서 어느 정도 자리를 잡자 그는 MKYU라는 온라인 대학 사업을 시작했다. 그는 자신을 브랜드화한 지식 셀러를 기반으로 교육 사업가로 발전하고 있다.

그의 유튜브를 보면 뛰어난 사업가일 뿐만 아니라 투자가임을 알 수 있다. 현재 김미경 대표는 514챌린지를 기획하여, 엄마들의 새벽을 깨우고 있다. 그의 유튜브를 통해 미래를 예측하고 대비하기 위해 끊임없이 열정적으로 공부하는 모습을 볼 수 있다.

자녀에게 투자를 가르치기에 가장 좋은 수단은 주식이다. 부동산의 경우 단위가 높아서 아이들이 접근하기가 어렵다. 주식을 가르치면 좋은 점은 투자뿐만 아니라 주변에 관심을 갖고 관찰하는 능력도 키울 수 있다는 것이다. 그리고 자신의 선택에 책임이 따른다는 걸 알게 된다.

아빠나 엄마가 회사의 대표라면 자기 회사의 지분을 사도록 한다. 부모가 일하는 회사의 주식을 사도록 권할 수도 있다. 그러면 아이가 엄마 아빠 하는 일에 관심을 갖고 궁금해할 것이고, 부모와 나누는 대화의 폭도 넓어질 것이다. 맨날 "숙제 했니?", "게임 그만해라" 잔소리를 하던 부모가 아이에게 잔소리를 듣는 즐거운 역전극이 일어나길 바란다.

30대 억만장자가 된 엠제이 드마코는 《부의 추월차선》에서 세 가지 길에 대해서 말한다. 가난한 자들의 길이 인도人道, 평범한 사람들의 길이 서행차선, 부자들이 가는 길이 추월차선이다.

근로소득만 있는 사람은 인도를 걷는 사람이고, 안정적인 직장과 자신의 지식을 기반으로 수익을 창출하는 사람들은 서행차선을 달리는 사람이다. 창업을 하여 사업가로서 부를 창출하고, 투자수익을 얻는 사람은 추월차선을 달리는 자본가들이다.

근로소득과 지식소득은 내가 일을 해야 돌아가는 노동자의 시스템이다. 지식소득은 시간과 공간을 초월하므로 근로소득보다 좀 더 자유로운 소득이긴 하다.

사업소득이 직원들을 움직여 돈을 버는 거라면 투자소득은 직원 대신 돈이 움직이는 것이다. 단순하게 보면 직원들이 많으면 많을수록 더 많은 물건을 생산할 수 있는 것처럼 돈이라는 직원이 많을

수록 더 많은 돈을 벌 수 있다. 그래서 사람들이 투자의 씨앗이 되는 종자돈의 중요성에 대해서 강조하는 것이다. 이 종자돈의 기본이 되는 것이 바로 노동소득이다.

부모는 자녀가 노동자의 삶을 넘어 자본가의 마인드를 가질 수 있도록 끊임없이 교육해야 한다.

아이 경제 교육의
두 축 : 용돈 교육과
돈 만들기 교육

CHAPTER 01

돈나무 기르는 법을
알려주는 부모가 되자

부모가 아이에게 돈을 주는 방식은 여러 가지이다. 필요하다고 할 때마다 돈을 주는 방식, 일정 주기로 용돈을 주고 그 안에서 사용하게 하는 방식, 마지막으로 집안일 등 노동을 시키고 그 대가로 돈을 주는 방식이 있다. 어떤 방식으로 돈을 받았느냐에 따라 자녀의 돈이 자라는 속도가 달라진다. 금수저, 흙수저를 논하며 절망하기 전에 부모의 돈 교육 방식을 꼼꼼히 체크해보자.

성경에는 씨 뿌리는 자의 비유(눅 8장 4-9절)가 나온다. 씨를 뿌릴 때 밭의 종류에 따라 수확의 정도가 달라진다는 내용이다. 돈을 주는 세 가지 부모의 유형을 씨 뿌리는 자에 빗대 설명해보려 한다.

그때그때 달라는 대로 돈을 주는 부모

아이가 필요하다고 말할 때마다 돈을 주는 부모가 있다. 많은 부모가 여기에 속한다. 예를 들어 아이가 공책을 사야 한다고 돈을 달라고 한다. 가격은 2~3천 원 정도다. 부족하지 않게 3,000원을 주고, 아이는 공책 구입 후 거스름돈을 가지고 온다. 보통 이렇게 돈을 주는 부모들은 아이에게 여윳돈이 없다고 생각하기 때문에 잔돈을 용돈으로 쓰라고 줘버린다. 영수증을 확인하고 잔돈을 받는 부모는 거의 없다. 부모한테는 굉장히 적은 돈이기 때문이다. 부모의 기분에 따라 아이의 용돈도 늘었다 줄었다 한다.

부모 입장에서는 큰돈이 아니므로 선심 써서 좋고, 자녀도 용돈이 생기니 기분이 좋다. 그런데 안타깝게도 교육자와 학습자 둘 다 기분 좋은 교육은 없다. 용돈 교육을 하는데, 양쪽 다 기분이 좋다면 그건 교육이 제대로 안 되고 있는 것이다. 돈을 그냥 주는 이유는 부모가 귀찮기 때문이다. 몇백 원 가지고 실랑이 벌이는 것도 싫고, 아이들에게 '쿨맘', '쿨대디'가 되고 싶다. 이런 부모는 아이의 돈 교육에 관심이 없고, 실제 본인도 경제관념이 없다. 부모조차 아이에게 들어간 한 달 용돈이 얼마인지 모른다.

돈을 그냥 주는 부모는 자녀의 마음 밭을 '길가'와 같이 만드는 것이다. 아무리 좋은 씨앗이라도 길가에 뿌려진 씨앗은 사람들의 발에 채여 어디로 갔는지 알 수 없게 된다. 아무런 계획 없이 그때그때 주는 돈은 모두 사라진다. 자녀는 부모에게 필요할 때마다 손 벌리는 것이 자연스러워지고, 부모가 돈을 주는 것을 당연하게 여긴다. 부모를 언제나 필요할 때면 돈을 찾을 수 있는 ATM 기계처럼 생각한다. 이렇게 계획 없이 뿌려진 씨앗(돈)은 온갖 잡새들이 와서 다 쪼아 먹어버린다.

주기적으로 용돈을 주는 부모

일주일이면 일주일, 한 달이면 한 달 일정 기간 사용할 용돈을 주는 부모를 말한다. 이런 경우 아이에게 용돈을 주면서 꼭 하는 얘기가 있다. "그 안에서 아껴 써야 한다"고 절약에 대해 강조하고, "더 달라고 해도 안 줘" 하며 엄포를 놓기도 한다. 용돈을 받는 아이들은 보통 용돈기입장을 쓰도록 교육받는다. 수입은 엄마가 준 용돈밖에 없고 지출 리스트만 열심히 적다가 한 달이 끝난다. 부모는 한 달 후 남은 잔액이 많으면 용돈 관리를 잘했다고 아이를 칭찬한다.

용돈을 주는 부모는 돈을 절약하고, 관리하는 법을 가르쳐주고 싶어 한다. 이런 부모들은 보통 교육열이 높고, 아이가 자신의 통제에 따라주길 바라는 경우가 많다. 일정 금액의 용돈을 받으니, 자녀가 돈에 신경 쓰지 않고 공부에만 집중했으면 하는 기대감이 있다. 학교와 사회의 틀에 맞춰 아이가 순종하고 복종하면서 살기를 원하는 것이다. 아이는 돈을 쓰는 것에만 관심 있지, 그 돈이 어떤 경로를 통해 만들어졌고, 내 손에 들어오게 되었는지에 대해서는 신경 쓰지 않는다. 그저 엄마의 불호령을 피하기 위해 돈 절약에만 집중할 뿐이다.

주기적으로 용돈을 주는 부모는 돌밭이나 가시덤불에 씨를 뿌리는 것과 같다. 돌밭에 뿌려진 씨앗은 뿌리를 내릴 수 없어 내리쬐는 햇빛에 다 타버린다. 가시덤불 속 씨앗은 가시덤불에 기운이 막혀 조금 자라다 그늘에서 죽고 만다.

어릴 때부터 용돈을 받은 아이들은 돈 관리를 배웠기 때문에 돈이 잘 모이는 듯 보인다. 그러나 이 관리 능력은 수동적인 것이다. 용돈을 받고 기입장을 쓰면 돈 쓰는 법을 알 수 있을지 몰라도, 돈을 적극적으로 굴리는 법은 모르게 된다. 돈이 스스로 일할 수 있게 해야 한다.

아이에게 일을 시키고 돈을 주는 부모

아이에게 일을 시키고 노동의 대가로 돈을 주는 부모가 있다. 어른이 되면 다 겪어야 하는 일인데, 일찍부터 고생스럽게 일을 시키고 싶지 않은 게 부모의 마음일 것이다. 하지만 요즘 깨어있는 부모들은 다르다. 아이가 할 수 있는 일은 시키려고 한다. 집안일을 한 노동의 대가로 용돈을 준다. 이는 돈의 원리에 아주 잘 부합한다. 돈은 언제나 대가를 지불해야 한다. 어른들이 월급을 받기 위해 회사에서 일하는 것처럼 자녀에게도 돈의 원리를 알려줘야 한다. 용돈은 노동의 대가여야 한다.

노동을 하면 돈을 주는 부모는 돈의 원리를 가장 잘 이해하는 부모다. 아이의 마음을 좋은 밭으로 만드는 부모이다. 아이의 손이 꼭 필요해서 집안일을 시키는 것이 아니다. 아직 아이는 손이 야무지지 못하고 서툴다. 서툴기 때문에 일하는 방법을 하나하나 다 가르쳐줘야 하고, 부모가 다시 해야 하는 경우도 종종 생긴다.

그럼에도 그렇게 하는 것은 일하는 동안 아이의 마음에 자리 잡은 잘못된 돈에 대한 관념이 제거될 수 있기 때문이다. 일을 한다는 것은 자신의 마음 밭에 돈나무가 자랄 수 있도록 개간하는 작업이다.

어린 시절 나의 어머니는 언제나 텔레비전 위 작은 쟁반에 5,000원을 올려놓으셨다. 맞벌이를 하느라 부모가 집을 비운 사이 자녀들이 돈이 없어 기가 죽는 일이 없게 하기 위함이었다. 어른들 표현대로 하면 낮 시간 동안 부모 없이 있을 아이가 불쌍해서였을 것이다. 손만 뻗으면 닿을 곳에 돈이 항상 있으면 아이는 돈을 별것 아닌 것으로 여기기 쉽다.

막내로 자란 나는 언니들보다 더 부족함 없이 자랐다. 필요하다고 말만 하면 돈을 안 주시는 경우가 없었고, 심지어 스트레스 풀러 오락실에 가라고 돈을 주셨으니 말이다. 맞벌이로 잘 돌보지 못하는 자식에 대한 미안함이나 죄의식을 완화시키는 방법이 아니었을까 한다.

그때그때 자신의 기분에 따라 돈을 주는 부모 밑에서 자란 아이는 돈의 소중함도, 돈을 어떻게 관리해야 하는지도 모른 채 자란다. 부모 기분만 잘 맞추고 말만 잘하면 언제든지 돈을 받을 수 있다고 생각한다. 주기적으로 용돈을 받으며 자란 아이는 돈을 잘 관리할지는 몰라도 그 안에서만 절약하려고 신경을 쓰기 때문에 부자 교육과는 관계가 없다. 틀에 갇혀 창의성이 없는 아이로 자라기 쉽다.

돈의 소중함과 관리법을 알게 하고, 생활에서 창의성을 키워주기 위해서는 용돈벌이를 한 대가로 돈을 주는 방법이 가장 좋다. 일을 하며 돈이 돌아가는 원리를 깨닫게 되고, 모든 부모가 원하는 절약도 자연스럽게 몸에 익히게 될 것이다. 용돈벌이 교육은 자녀 금융 교육에서 가장 기본이 되는 것이다.

CHAPTER 02

자본가 마인드를 기르는
용돈 교육 : 홈알바, 홈잡, 잡알바

 보통 아이들 경제 교육을 시작할 때 가장 먼저 생각하는 것은 '용돈을 얼마나 줘야 하는가'이다. 지상 최대의 과제처럼 용돈 액수를 고민한다. 하지만 이는 부모가 경제 교육을 하는 목적을 잊어버린 것이다. 자녀의 경제 교육 목적은 자녀를 부자가 되게 하는 것이다. 내 아이가 경제적 자유를 일찍 찾아 주도적이고 행복한 삶을 살게 하고 싶은 마음이 이렇듯 경제 교육에 대한 책을 사서 읽고 교육법을 고민하는 이유일 것이다.

 부자라는 건 단순하게 말해 돈을 많이 가지고 있는 것이다. 그런데 용돈의 기본은 주어진 돈을 얼마나 잘 절약하느냐가 포인트다.

부자가 되는 것과는 전혀 상관이 없다. 용돈 교육의 시작은 '얼마를 줘야 할까'가 아닌 아이에게 '어떤 방식으로 용돈을 줘야 할까'가 되어야 한다.

아이가 할 수 있는 용돈벌이의 방식은 세 가지가 있다. 홈알바Home Arbeit, 홈잡Home Job, 잡알바Job Arbeit. 홈알바는 여러 집안일에 가격을 책정해두고, 그 일을 수행하면 돈을 주는 것이다. 일을 많이 할수록 많은 돈을 벌 수 있다. 홈잡은 특정한 일을 자신의 직무로 정하고, 해야 하는 일을 완수해야 월급(주급)을 받는 것이다. 사회생활과 같이 직무를 제대로 수행해야 월급을 받게 된다. 세 번째로 잡알바는 홈알바와 홈잡의 장점만을 합친 방식이다. 본인이 책임질 직무를 가지고 있고, 추가로 다른 일을 하면 더 벌 수 있는 기회도 있다.

노동의 가치를 깨닫게 하는 홈알바

홈알바Home Arbeit 형식은 자녀의 용돈벌이 방법으로 가장 많이 사용된다. 노동을 한 만큼 용돈을 받을 수 있기 때문에 돈과 치환되는 노동의 가치를 알게 된다. 집안일이므로 노동의 강도만 잘 조절하면 어릴 때부터 할 수 있다.

페이스북 창업자 마크 주커버그는 자신의 페이스북에 어린 자녀들이 식사 전후 숟가락과 포크를 정리하는 모습을 사진으로 올렸다.

용돈 받을 나이는 아니지만 이렇듯 어릴 때부터 집안일을 하는 것은 가족 공동체의 일원으로서 소속감을 갖게 한다. 커서도 자신의 일이라 생각하기 때문에 집안일에 거부감을 갖지 않는다.

일의 종류는 가정의 공동 일이나 가족 일원의 일을 대신해 주는 것으로 정해야 한다. 여기서 주의해야 할 점은 아이가 본인 일을 잘했다고 용돈을 줘서는 안 된다는 것이다. 흔히 하는 실수가 성적과 돈을 연관시키는 것이다. "이번 기말고사에서 1등 하면 용돈을 올려줄게" 같은 말은 절대 해선 안 된다. 공부에 대한 동기부여를 하기 위함이라고는 하지만, 공부는 학생의 본분이다. 동기부여가 필요하다면 아이가 좋아하는 게임 시간을 더 주거나 평소 가고 싶어 했던 곳에 가주는 것이 낫다.

가족 식사 후 설거지를 하면 1,000원, 빨래를 세탁기에 돌리고 널면 2,000원 등 가정 공동의 일을 한 경우 그에 맞는 알바비를 책정하고 지급하는 것이 홈알바다.

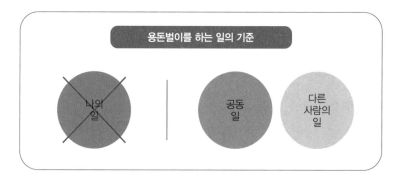

홈알바의 단점은 아이가 모든 것을 돈으로 볼 수 있다는 것이다. 엄마가 시키는 가벼운 심부름조차 돈으로 환산하려 드는 경우가 생긴다. 말끝마다 "이거 하면 얼마 줄 건데?"라고 할지도 모른다. 그러는 아이가 당돌하게 느껴질 수도 있겠지만, 어찌 보면 이런 현상은 당연한 수순인지 모른다. 가정도 하나의 사회라고 본다면, 사회적 관계에 돈이 개입되어 관계가 깨지고 더욱 비효율적인 상황으로 가는 것은 흔히 생기는 일이기 때문이다.

행동경제학자이자 세계적인 베스트셀러 《상식 밖의 경제학》의 저자 댄 애리얼리는 돈과 사회규범에 대한 어린이집 실험을 했다. 어린이집은 방과 후 아이를 늦게 데리러 오는 부모에게 벌금을 내도록 했다. 벌금제를 시행한 후 기대와 달리 평소보다 지각하는 부모가 늘어나기 시작했다. 심지어 "벌금 내면 두 시간 더 봐줄 수 있죠?" 하는 부모까지 생겼다. 부모들은 벌금이 없었을 땐 아이를 늦게 데려가는 것을 미안해했다. 서로 배려하는 사회적 관계 안에 있었지만, 돈이 개입되자 암묵적인 사회규범이 사라진 것이다. 유치원은 잘못을 깨닫고 벌금제를 없앴지만, 한번 무너진 사회적 관계는 회복되지 않았다고 한다. (EBS 〈위대한 수업〉 댄 애리얼리 편 참고)

마찬가지로 가족관계에 돈이 개입되면 원래 가지고 있던 가족의 가치가 깨질 수 있다. 그래서 "원래 가족의 일원으로서 해야 할 일이지만, 경제 교육을 위해 돈을 주는 것"이라고 처음부터 알려주고 시작하는 것이 필요하다. 가족 경제회의를 통해 우리 가족만의 규정을 정해야 한다. 이를 통해 합의된 내용은 아이도 지켜야 하지만 부모도 정확하게 따라야 한다. 가족의 가치에 돈이 개입될 때는 반드시 가족 모두가 동의해야 하고 합의된 바를 준수해야 한다. 그래야 돈에 의해 가족관계가 깨지지 않는다.

책임감을 갖게 하는 홈잡

홈잡Home Job은 말 그대로 집에서 잡, 어떤 직업을 갖는 것이다. 홈알바의 경우 실행한 일의 양에 따라 용돈이 주어지지만, 홈잡은 자신의 직무를 잘 수행해야만 약속된 월급(용돈)을 받을 수 있다. 그래서 아이들이 맡은 바 일에 대한 책임감을 갖고 임하게 된다. 자신의 직무가 마음에 들지 않거나 돈을 더 벌 수 있는 다른 직업을 가지고 싶으면 가족 경제회의에서 논의해서 바꿀 수 있다. 돈의 개입에 의해 가족관계의 가치를 깨지 않으면서도 자녀에게 용돈벌이를 할 수 있도록 하는 좋은 방법이다.

이 방식은 초등 경제교육서 《세금 내는 아이들》의 저자 옥효진 선생이 추천하는 방식이다. 초등학교 선생님과 반 아이들은 반을 하나의 나라로 설정하고 그 안에서 업무들을 수행한다. 학교에서 할 수 있는 다양한 직업들이 나온다. 저자는 알바 형식이 아닌 직업으로 일할 수 있는 환경을 만들어주라고 권유한다. 알바 형식은 모든 것을 정량적으로만 계산하려 드는 단점이 있다. 그래서 특정 직업을 정하고 그 일을 잘 수행할 때 약속된 월급을 주는 방식을 택하는 것이 좋다.

홈잡은 계약된 일을 일정한 기간 동안 꾸준히 수행해야 월급을 받게 된다. 월급날에는 성취감도 느낄 수 있다. 또한 책임감을 갖게 하는 데 효과적이다. 예를 들어 '반려동물관리사'라는 직업을 갖게 되었다면 반려동물의 밥 주는 일과 배변 처리, 건강 관리 등을 신경 써야 한다. 하루라도 빼먹게 되면 반려동물이 굶게 되고, 위생에 문제가 생길 수 있다. 이런 일들은 그때그때 선택해서 할 수 있는 홈알바보다는 책임감을 가지고 임하도록 홈잡으로 정해야 한다.

자녀가 어린 경우에도 직무를 부여할 수 있다. 예를 들어 아이가 어려서 이 닦는 것을 싫어할 경우 치위생사라는 직업을 주는 것이다. 아이는 본인의 칫솔질뿐 아니라 가족의 치아 관리를 다 책임져야 한다. 함께 식사를 끝내고 가족 모두가 이를 닦을 수 있도록 체크하는 일을 하게 되는 것이다.

아이와 함께 그 직업에 대해서 찾아보고, 어떤 업무를 집에서 할수 있는지 이야기해보는 것도 좋은 공부가 된다. 부모는 매일 체크를 하고 평균 80% 이상 달성하면 주나 월 단위로 약속된 날짜에 돈을 주면 된다.

홈잡은 집에서 일정하게 해야 하는 직무가 생기는 것이기 때문에 아이에게 책임감과 성취감을 부여한다. 그 외에 부모가 시키는 일에 대해 돈 때문에 실랑이를 벌이는 일도 없어질 것이다. 또한 아이에게 안 좋은 습관이나 버릇이 있는 경우, 홈잡을 잘 이용하면 고치는 기회로 삼을 수 있다.

다만 아이가 매달 사용할 용돈만 충족된다면 그 안에서 안주하려는 경향을 보일 수도 있다. 홈잡 방식은 매달 일정한 돈이 들어오기 때문에 내 아이를 평범한 직장인으로 만드는 것과 같다. 직무마다 일의 강도, 급여를 다르게 책정하여 선택할 수 있도록 보완하는 것을 권한다.

안정감, 책임감, 창의성을 키우는 잡알바

잡알바는 홈알바와 홈잡이 가지는 장점을 살리고 단점을 보완한 것이다. 집 안에서 할 수 있는 직업을 주고, 나머지 부분은 홈알바나 아르바이트를 통해 더 벌 수 있도록 한다. 홈잡의 월급은 평소 아이가 소비하는 것보다 약간 적게 책정하는 것이 좋다. 그렇다고 어떤 직무를 하든 무작정 작게 줘서는 안 된다. 노동의 강도에 맞춰 잘 조정해보자.

자신의 직무를 완수해야 하므로 책임감이 생기고, 가족공동체의 일원으로서 안정감도 느끼게 된다. 일정하게 돈을 받을 수 있으므로 미래도 계획할 수 있다. 돈을 더 원할 경우 어떤 일을 해야 돈을 벌 수 있을까 생각하기 때문에 자녀의 창의성을 기르는 데도 도움이 된다.

아이가 아르바이트를 할 수 있는 나이가 되면, 실제로 집 밖에서 추가로 아르바이트를 할 수 있도록 하는 것이 좋다. 되도록 부모나 친지, 지인이 운영하는 곳에서 일하도록 하는 게 안전할 것이다.

한편 자녀가 직접 구한 일자리나 기획한 사업의 경우 부모의 각별한 관심이 필요하다. 고용주와의 관계, 일의 위험성을 체크해야 하고, 사업의 경우 법적으로 문제가 없는지 확인해야 한다. 인터넷이나 메타버스, NFT와 관련해 아이들이 돈을 벌 수 있는 기회가 있으니 아이와 함께 찾아보자.

앞서 설명했듯 미국은 아이들이 레몬네이드를 만들어 팔면서 용돈을 버는 경우가 많다. 그런데 특정 주에서는 불법이기 때문에 신고 없이 진행해 문제가 발생하기도 한다. 부모의 세심한 관심이 꼭 필요한 부분이다.

제대로 된 용돈 교육으로 올바른 경제관념을 심어주자

워런 버핏은 세계적인 투자가로만 알려져 있지만 어릴 때부터 남다른 사업가의 기질을 가지고 있었다. 장사의 기본 원리를 알아 콜라를 박스로 싸게 사서, 낱개로 이윤을 남겨 팔았다. 신문 배달을 할 때도 친구들과 함께 조직을 만들어 지역별로 관리할 정도로 사업 마인드가 뛰어났다. 그는 성인이 되기 전에 이미 투자와 사업으로 많은 부를 축적했고, 부모의 유산도 거부할 정도로 큰 부자가 되어 있었다.

tvN 예능프로그램 〈온앤오프〉에 자우림 김윤아의 자녀교육법이 나온 적이 있다. 김윤아와 남편 김형규는 아들에게 따로 용돈을 주지 않고 집안일을 하면 용돈을 주는 방식으로 경제 교육을 한다. 아이가 성장함에 따라 매년 임금 협상을 하여 합의된 가격으로 임금을 책정하고 있다. 그는 부모가 되기로 결정했으면, 자녀에게 올바른 경제관념을 심어주어 행복한 어른이 될 수 있도록 함께 고민해 나가야 한다고 말한다.

자녀에게 돈의 개념을 알려주고, 자본가의 마인드를 심어줄 수 있는 3가지 용돈 교육법을 소개했다. 모든 가정이 동일하지 않기 때문에 자녀의 성격과 집안의 상황에 맞춰 알맞게 적용하길 바란다.

꼭 기억해야 할 것은 용돈을 그냥 줘서는 안 되며, 반드시 노동의 대가로 지급해야 한다는 것이다. 주기적으로 용돈을 주는 것은 자녀를 평범한 직장인으로 만드는 것이지 부자의 길을 가게 하는 것이 아니다. 기본적인 돈 교육은 반드시 가정에서 시작해야 한다. 그 기본이 바로 용돈벌이 교육이다.

CHAPTER 03

부자의 돈 교육 : 돈 벌기, 돈 모으기, 돈 빌리기, 돈 불리기

돈이 없으면 돈을 쓸 수 없다. 그런데 우리는 돈을 쓰는 것부터 가르치려고 한다. 태어날 때부터 소비와 지출에 대해서만 주구장창 배운다. 갓난아이가 무슨 돈을 쓰느냐고 생각할지 모르지만, 갓난아이의 소비는 부모가 대신 한다. 아이들이 하는 지출은 모두 부모가 돈을 벌어오기에 가능한 것이다. 아이가 돈에 대해 알게 되면 자신이 쓰는 돈이 부모가 열심히 일해서 번 것임을 인식시켜야 한다.

돈 교육은 크게 두 가지로 나눌 수 있다. 돈 만들기와 돈 쓰기이다. 둘 중 먼저 교육되어야 하는 것은 '돈 만들기'이다. 돈이 먼저 수중에 들어와야 어떻게 그 돈을 쓸지 고민하는 것처럼, 아이들도 같은 방식으로 사고해야 한다. 용돈을 스스로 벌어야 그 돈을 내 맘대로 쓸 수 있다.

부모가 용돈을 주고서 돈 쓰는 걸 먼저 가르치면 돈의 원리를 깨우치는 데 많은 시간이 걸린다. 나중에 용돈벌이 교육을 할 때도 부모와 트러블이 생기게 된다. 가만히 있어도 주어지던 돈을 이제는 힘들게 일해서 벌어야 하니 불만이 생길 수밖에 없지 않겠는가. 돈 쓰기는 쉬워도 돈 벌기는 어른이나 아이나 힘이 들게 마련이다.

경제 교육의 가장 중요한 기술 : 돈 만들기Make Money

일반적으로 '돈을 번다'라고 표현하지 '돈을 만든다'라고 말하지는 않는다. '돈을 번다'는 영어로 표현하면 'Earn money'다. '생계를 위해서 돈을 벌다'라는 의미로 사용된다. 직장에서 월급을 받을 때 쓰는 말이다. '돈을 만든다'는 우리말로는 조금 어색하지만, 영어로는 자주 쓰이는 표현이다. 바로 'Make Money'다. 돈을 찍어내는 건 한국은행에서나 가능한 일이다. 'Make Money'는 우리말로 풀이하면 '수익을 벌어들인다'는 큰 범주를 뜻한다.

돈을 만든다는 것은 내 주머니에 돈이 쌓이는 것을 의미한다. 방법에는 돈 벌기, 돈 모으기, 돈 빌리기, 돈 불리기 이렇게 네 가지가 있다.

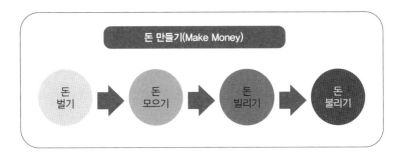

'돈 벌기'는 노동을 통한 근로소득을 말한다. 내가 버는 돈의 일정한 금액을 항상 저장하는 습관이 '돈 모으기'이다. '돈 빌리기'는 투자의 레버리지를 높이기 위해 돈을 빌리는 것을 의미한다. 마지막으로 '돈 불리기'는 알맞은 투자처를 찾아 투자하는 것이다. 이렇게 네 가지를 적절히 활용할 때 성공적인 돈 만들기가 가능하다.

돈 만들기의 핵심은 이미 내 주머니에 들어온 돈을 절약해서 남기는 데 있지 않다. 밖에 있는 돈이 내 안으로 들어오게 하는 데 있다.

흔히 부모들은 자녀에게 절약을 가르치지 않으면 밑 빠진 독에 물 붓기가 되지 않을까 걱정한다. 그런데 절약하는 습관을 기르는 가장 좋은 방법은 직접 돈을 벌어보게 하는 것이다. 노동을 통해 용돈벌이를 하면 자연스럽게 절약하게 되고, 돈 관리도 하게 된다. 돈 버는 게 얼마나 힘든지를 알기 때문이다. 하지만 아무 대가 없이 용돈을 받는 아이들은 돈이 하늘에서 떨어지고 땅에서 솟아난다고 생각한다. 부모를 현금인출기처럼 여기는 것이 당연하게 된다. 부모가 그렇게 가르쳤기 때문이다.

세계적인 베스트셀러 《부자 아빠, 가난한 아빠》의 저자 로버트 기요사키는 어릴 때부터 부자가 되고 싶었다. 그래서 '부자 아빠'인 친구 마이크의 사업가 아빠에게 부자가 되는 비밀을 배우게 된다. 부자 아빠는 그에게 돈을 벌지Earn Money 말고, 돈을 만들도록Make Money 가르친다.

버려지는 만화책을 모아서 친구에게 대여하는 사업을 했던 것이 그의 첫 번째 돈 만들기 경험이었다. 그는 이 일을 통해 사장을 위해 일하는 직원이 아닌 사업가로서 돈을 만드는 시스템을 익히게 된다.

자녀들에게도 이 순서로 돈 교육을 해야 한다. 처음에는 노동을 통해 용돈을 벌게 하고, 번 돈의 일정액을 모으도록 해야 한다. 여기까지는 모두가 이해하고 따라오지만, 돈 빌리기로 들어가면 부모는 아이에게 이걸 가르치는 것이 맞는지 두려움을 느낀다. 빚이 얼마나 무서운 것인지 잘 알기 때문이다. 그렇기 때문에 더욱더 가르쳐야 한다.

직접 돈을 빌려보고 그 장점과 단점을 어렸을 때부터 깨달아야 커서도 잘 조절할 수 있게 된다. 자녀에게 돈 빌리는 것을 가르치는 걸 두려워해서는 안 된다.

마지막 돈 불리기는 돈 만들기 교육에서 가장 신경 써야 할 부분이다. 투자를 잘못해서 지금까지 잘 만들어놓은 돈을 다 잃는 경우가 너무 많기 때문이다.

목표와 계획 설정하기 : 돈 쓰기Spend Money

이제 돈이 만들어졌으니, 돈 쓰기의 기술로 들어가 보자. 돈 쓰기는 영어로 Spend Money로 내 주머니에서 돈이 나가는 것을 말한다. 돈은 지출되는 순간 사라지고 없게 된다. 통장이 '텅장' 된다고 하지 않던가. 그러지 않으려면 지출을 하지 말아야 하는데, 소비를 100% 막는 것은 불가능하다. 돈을 버는 이유가 무엇인가. 편안하게 소비하기 위해서가 아닌가. 그러니 돈 쓰기를 잘하는 방법을 연구할 수밖에 없다. 답은 바로 목표와 계획이다.

어른들도 계획성 있게 돈 쓰기는 어려운 과제다. 가정 재정이 항상 마이너스라는 농담을 할 정도로 어른들의 지출 또한 구멍이 많다. 상담을 하다 보면 본인의 지출처에 대해서 굉장히 두루뭉술하게 아는 분들이 많다. 매달 높은 이자가 나가는 마이너스 통장을 쓰는 분에게 소비를 줄일 것을 권하면 "그래도 쓸 때는 써야죠" 하는 답이 돌아온다. 그런 분들은 오라는 데는 없는데 갈 데는 많다.

그렇게 순간순간의 기분대로 돈을 지출하다 보면, 정작 돈을 써야 할 중요한 순간에 돈을 쓰지 못하는 난감한 상황에 놓이기도 한다. 부자가 되고 싶다면 꼭 가계부를 쓰고 자신의 수입과 지출을 철저하게 관리해야 한다.

나는 첫 직장 때부터 통장을 두 개로 관리했다. 각각 수입과 지출 통장으로 말이다. 월급과 그 외 부수입은 모두 수입 통장으로 받았다. 그리고 그달에 사용할 금액을 정해서 지출 통장으로 옮겼다. 카드 대금이나 현금 사용 등은 모두 지출 통장에서 나가게 했다. 여기까지는 관리가 잘되는 듯 보이지만 그다음이 언제나 문제였다. 돈을 쓰다가 부족하면 수입 통장에 손을 댔던 것이다. '내 돈 내가 쓰는데 뭐 그리 아낄 필요가 있나'라는 핑계를 대면서 말이다. 관리를 위해 형식은 갖추었지만, 이건 계획성 있는 소비라 할 수 없다. 이런 방식을 꽤 오래 유지했는데, 어디로 새는지 모르게 돈이 빠져나가 돈을 모을 수가 없었다.

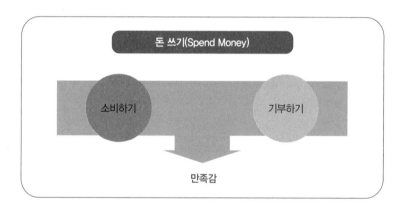

돈 쓰기의 기술은 '소비하기'와 '기부하기'로 나뉜다. 지갑에서 돈이 빠져나가면 전혀 다른 성질의 것으로 교환이 된다. 어떤 곳에 돈을 쓰든 돈 쓰기의 최종 지점은 '만족감'이다. 소비의 핵심은 그 만족감을 얼마나 최대한 높고 길게 가져갈 수 있느냐에 있다. 그리고 만족감을 높이기 위해서는 계획성 있는 소비가 중요하다.

무조건 자신의 기분을 좋게 하기 위해 하는 소비가 만족감이 높을 것 같지만 그렇지 않다. 고가의 물건을 사고 난 후 다른 곳에서 쪼들리다 보면 괜히 샀나 하는 후회가 든다. 계획성 있게 소비하게 하려면 자녀가 원하는 대로 물건을 사 주면 안 된다. 어린아이들은 장난감을 사서 몇 번 가지고 놀다가 방치하는 경우가 허다한데 쉽게 주어지는 것은 만족감이 오래가지 않는다.

만족 지연에 대한 연구인 마시멜로 실험은 아주 유명하다. 실험자는 600명의 3~5세 아이들을 대상으로 마시멜로 하나를 주고 15분 동안 먹지 않으면 하나를 더 주겠다고 약속하고 사라졌다. 그사이 마시멜로를 먹어버린 아이들과 15분 동안 먹지 않고 참은 아이들로 구분이 됐다. 인내한 아이들은 마시멜로를 하나 더 받았다. 30년 후에 이들을 추적 조사했을 때, 끝까지 참고 먹지 않았던 아이들이 더 성공했고, 먹어버렸던 아이들은 사회 부적응이나 약물중독 등의 문제를 보였다는 것이다.

기부와 자선활동은 우리에게 굉장한 만족감을 준다. 특정한 물건으로 돌아오는 것이 아니기 때문에 눈에 보이게 남는 것은 없다. 하지만 기부나 자선활동을 통해 얻는 뿌듯함이나 보람은 이루 말로 표현할 수 없는 것이다. 이러한 만족감을 알려주고 싶다면, 잘 상의해서 자녀가 원하는 곳에 기부를 해야 한다. 기부처에 대한 정보가 많으면 많을수록 만족감은 높아진다.

기부할 돈을 자신을 위해 쓰면 더 행복할 것이라 생각하는 아이라면 기부를 꺼릴 수 있다. 그럴 경우 강요하지 말고 봉사단체를 통해 직접 봉사활동을 하면서 타인을 위해 시간을 쓰는 훈련부터 시켜보자. 직접 몸으로 체험하다 보면 자연스럽게 기부로 이어질 수 있을 것이다.

지금까지 우리는 용돈을 주고 돈을 쓰는 것을 먼저 가르쳤다. 경제 교육의 핵심은 돈 쓰기보다 돈 만들기에 있다. 일단 먼저 돈을 만들게 한 뒤에 잘 쓰는 법을 익히도록 해야 한다. 반대의 순서로 가르칠 경우, 셈을 좀 더 잘하는 아이가 될 뿐 부자와는 아무런 상관이 없게 된다.

돈 만들기와 돈 쓰기는 기술이라고 할 만큼 일정한 규칙을 가지고 움직여야 한다. 아이 스스로 자기만의 기준을 세우기 전에는, 항상 부모가 자녀의 기준이 된다. 그러므로 부모는 돈 만들기의 네 가지 기술과 만족감을 높이는 돈 쓰는 방법을 항상 기억해야 한다.

CHAPTER 04

돈 만들기는 노동으로 시작해 사업과 투자로 마무리된다

앞서 설명했듯 소득은 근로소득, 지식소득, 사업소득, 투자소득으로 나뉜다. 이 소득들은 돈 만들기의 네 단계인 돈 벌기, 돈 모으기, 돈 빌리기, 돈 불리기를 거치면서 재산으로 쌓이게 된다. 자본주의 시대의 주인공은 자본가라고 말한 바 있는데, 사업소득과 투자소득의 합이 지출보다 많을 때 우리는 비로소 자본가의 대열에 합류하게 된다. 간단히 말하면 소비보다 투자수입이 많아야 한다. 그렇지 않을 경우 노동을 해서 지출을 메꿔야 하므로 일을 그만둘 수가 없게 된다.

노동소득 중심의 사고를 전환하라

사람들이 수입이 늘었다고 하면 보통 승진이나 이직을 통해 월급이 오르는 것을 말할 때가 많다. 그러나 실제 우리가 부자의 단계로 넘어가기 위해서는 경제 수입(투자 수입)을 늘리는 것이 중요하다. 노동 수입이 증가하는 것도 좋지만 여기에만 집중하면 경제 수입 늘리는 것에 소홀할 수 있기 때문이다.

여기서 조심해야 할 부분은 일반적으로 수입이 늘어나면 소비도 같이 증가한다는 것이다. 그러면 영원히 소비와 수입의 비율을 맞출 수 없게 되므로 계속 노동자의 삶을 살 수밖에 없다.

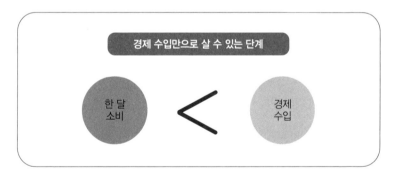

아무리 좋은 직업을 가지고 있어도 노동 수입만으로 부자가 되기는 어렵다. 의사, 변호사는 노동 수입이 일반 사람들에 비해 굉장히 높은 고소득 직종에 속한다. 이렇게 근로소득이 높으면 저축하는 돈이 많을 것 같지만 지출도 함께 증가한다. 자동차와 집은 좀 더 크고 넓어야 하고, 집 안도 고가의 물건으로 채워질 수밖에 없다. 소위 우리가 말하는 체면 유지비가 든다.

게다가 모두가 동경하는 멋진 직업을 가지고 있다 해도 그들은 기본적으로 노동자다. 본인이 일을 하지 않으면 더 이상 수입은 없다. 건강할 때는 소득이 꾸준히 발생하므로 꼬박꼬박 저축을 하여 노후자금을 모을 수 있다. 그러나 예기치 않은 일을 당하거나 나이가 들면 자연히 수입은 점점 줄어든다. 노동으로 버는 수입이기 때문이다. 대출이나 할부가 있어 원리금 상환을 매달 해야 하는 상황이라면, 노후자금으로 모아놓은 돈마저 여기에 써야 할지 모른다.

전문직 고소득자들이 무조건 부자가 될 것 같지만 꼭 그렇지만은 이유가 바로 여기에 있다. 노동소득의 한계 때문이다. 4차 산업혁명 시대로 넘어가면서 노동의 가치는 계속 떨어져 가고 있다. "물가는 오르는데 내 월급만 제자리"라는 한탄을 들어봤을 것이다. 일자리는 계속해서 줄어드는데, 일을 하려는 사람들은 많다. 수요는 많은데 공급은 적으니 월급이 계속 줄어들 수밖에 없는 것이다.

그래서 부모가 먼저 노동소득 중심의 사고를 버리는 것이 필요하다. 자녀가 공부에 재능이 있다면 좋은 대학에 가고 좋은 직업을 갖도록 권장해야 할 것이다. 하지만 아이들마다 재능이 다 다른데, 모든 아이에게 공부를 해서 남들 보기에 버젓한 직장인이 되라고 강요하는 것은 옳지 않다.

한편 투자소득이란 자산이 스스로 불어나서 자동으로 들어오는 수익을 말한다. 부동산, 주식, 채권 등 금융자산에서 생기는 임대소득, 배당 등의 수입이다. 부자는 노동해서 얻는 수입이 거의 없다고 보아도 무방하다. 사업이나 투자소득에서 대부분의 수입을 얻는다. 내 아이가 경제적 자유를 누리길 원한다면 이러한 투자소득에 대한 이해를 심어주어야 한다. 투자소득이 월 지출보다 커질 때 부자의 트랙으로 들어설 수 있다.

마무리는 사업과 투자

대표 메뉴인 빅맥Big Mac으로 물가지수를 얘기할 정도로 맥도날드는 미국을 대표하는 패스트푸드 회사이다. 우리는 맥도날드를 햄버거 파는 회사로 알고 있지만 실제로는 그렇지 않다. 맥도날드 CEO 레이크록은 "우리는 부동산 사업을 하고 있다"고 말한 바 있다.

맥도날드의 전 재무최고책임자CFO 헤리 J. 소네본은 다음와 같이 말했다.

"우리가 15센트짜리 햄버거를 판매하는 이유는 단순히 임대사업을 하기 위한 가장 좋은 미끼이기 때문이다."

맥도날드는 처음엔 점주들에게 공급하는 식자재와 장비에 마진을 붙이고, 로열티만 받았다. 그런데 생각처럼 돈이 되지 않았고, 본사에서 점포를 직접 구입한 후 점주에게 임대료를 받는 방식으로 사업이 변화되었다. 소네본의 말처럼 햄버거는 부동산 사업을 하는 미끼일 뿐이다.

스세권이라는 말이 있을 정도로 근처 부동산 가격에 영향을 미치는 스타벅스는 어떤 기업일까? 스타벅스의 경쟁자라고 하면 다른 커피전문점을 생각하기 쉽지만, 실제는 금융기업이다. 스타벅스는 선불식 충전카드를 사용하는데, 예치된 금액이 1조 5,000억 원이 훨씬 넘는다. 스타벅스 앱은 애플, 구글, 삼성페이보다 더 많이 사용되는 간편결제 수단이다.

이제 스타벅스를 커피 회사가 아닌 핀테크(금융Finance과 기술Technology의 합성어로, 금융 서비스를 모바일 인터넷 환경으로 옮기는 것을 뜻함) 기업으로 봐야 하는 이유다. 우리가 충전카드에 예치한 돈으로 스타벅스는 신사업에 투자하거나 다른 금융 사업을 진행하는 중이다. 네이버나 카카오가 장악하려고 하는 사업도 금융 사업인 것처럼 말이다.

우리는 흔히 사업가와 투자자가 다르다고 생각한다. 사업가는 투자자의 돈을 이용한다고 생각한다. 하지만 이 둘은 모두 자본가의 머리를 가지고 있다. 다른 것은 노동자의 머리다. 노동자가 자본가처럼 생각하기 위해서는 알을 깨고 나오는 것처럼 힘든 시간을 거쳐야 한다.

많은 투자가들은 동시에 사업가이기도 하다. 이름만 들어도 아는 유명한 투자가들은 모두 펀드 회사를 운영하고 있다. 맥도날드, 스타벅스, 펀드 회사들은 모두 돈을 다루는 금융 회사들이다. 맥도날드는 임대 사업을 하고, 스타벅스는 고객들의 선불 충전금을 이용해 투자를 한다. 펀드 회사들은 개인과 기업투자자들의 돈을 이용해서 돈을 번다.

거듭 설명했듯 노동은 돈을 벌기 위해 내가 일하는 것이지만, 자본가의 소득은 다른 사람을 레버리지 삼아 돈을 버는 것이다. 타인의 시간이나 돈을 이용하는 사업을 한다. 부자가 되기 위해서는 노동소득이 아닌 자본소득을 늘려야 한다. 처음에는 노동소득으로 시작되었을지라도 사업이나 투자를 통해 자본소득을 증가시켜야만 부자의 레이스에 들어갈 수 있다.

자녀에게 노동자의 머리를 물려주지 말고, 자본가의 머리를 발전시켜 주어야 안정적인 부의 시스템을 갖게 된다.

절약법이 아니라 잘 쓰는 법을 가르쳐야 한다 : Needs, Wants, Must

돈 교육의 마지막 단계는 '돈 잘 쓰는 법'이다. 앞에서는 계속 돈을 쓰는 것보다 돈 만드는 것이 더 중요하다고 강조했다. 그렇다고 해서 돈을 쓰는 교육이 중요하지 않은 것은 아니다. 하지만 무작정 절약만 강조해서는 안 된다. 돈을 잘 쓰기 위해서는 다음의 세 가지를 구별할 수 있어야 한다. 필요한 것Needs, 원하는 것Wants, 마지막으로 해야 하는 것Must. 니즈Needs와 원츠Wants는 자신을 위해 쓰는 것이다. 머스트Must는 유일하게 다른 사람을 위하는 이타심에서 비롯된다. 돈을 쓸 때 이 세 가지를 교육하면 기준이 명확하기 때문에 자녀의 돈 쓰는 습관을 들이는 데 도움이 된다.

필요한 것과 원하는 것 구별하기

필요한 것 니즈Needs는 내가 생활을 하는 데 꼭 있어야 하는 것이다. 원하는 것 원츠Wants는 꼭 필요하진 않지만 원하는 것을 말한다. 어른들은 니즈와 원츠를 구분하기가 쉽다. 꼭 필요하지도 않은 물건을 충동적으로 구매하는 것은 구분을 못 해서가 아니라 자제력이 없기 때문이다. 아이들은 보통 초등학교 고학년은 되어야 두 가지를 구분하기 시작한다. 어릴 때부터 용돈 교육이 제대로 되지 않은 아이들은 좀 더 늦어지기도 한다. 손만 벌리면 부모가 용돈을 준 아이들은 굳이 두 가지를 구분할 필요가 없다.

처음 용돈을 받은 아이들은 한꺼번에 다 써버린다. 보통은 간식의 유혹을 이기지 못하고 사용한다. 마음이 가는 대로 원하는 곳에 다 써버린다. 평소에 좋아하는 사탕을 다 사 버리거나 친구에게 한턱 크게 쏜다. 나이가 어릴수록 양이 많고 적음을 구분하지 못한다. 가지고 있는 돈과 눈앞에 보이는 음식의 양, 자신이 먹을 수 있는 양을 비교할 수 없다. 경험이 없기 때문이다. 어른들도 처음 가보는 고급 레스토랑에 가면 어리둥절해 하며 큰돈을 쓰고 오지 않는가.

아이가 이런 실수를 할 때 즉각적으로 잘못을 지적하며 반응할 필요는 없다. 돈을 다 써버려서 자신이 꼭 필요한 것을 구매할 수 없는 상황이 되면 말해주지 않아도 아이 스스로 깨닫게 될 것이다. 이때 부모는 아이가 조른다고 해서 부족한 돈을 메꿔주어서는 안 된다.

이는 내 아이의 잘못된 소비 습관을 부추기는 행위나 마찬가지다.

이런 과정이 반복되면 아이는 니즈와 원츠를 구분하게 된다. 점차 머리가 커지다 보면 아이들이 부모에게 단순히 갖고 싶은 욕구를 숨기고 꼭 필요한 것이라고 우기는 일도 생긴다. 합리화의 시작이다. 부모 입장에서 적당히 눈감아 주고 싶은 마음이 들 수도 있지만, 용돈벌이를 더 해서 아이 스스로 꼭 그 돈을 마련하도록 해야 한다.

여기서 주의해야 할 점은 아이가 물건을 사기 전, 부모가 먼저 검열하는 것은 좋지 않다는 것이다. '이게 니즈니? 원츠니?'를 굳이 따질 필요는 없다. 어른들도 꼭 필요하지 않지만 기분 전환을 위해 사는 물건들이 있지 않은가? 아이들도 가심비를 높이기 위해 사는 물건이 있을 것이다. 본인이 직접 벌어서 쓰는 돈이므로 어느 정도의 자유는 주어져야 한다. 그러나 아이가 과도하게 한 가지에 집착하는 경우는 체크해볼 필요가 있다. 군것질을 너무 많이 하거나, 굳이 필요하지 않은 물건들을 계속 사 모아서 집 안을 어지른다면 아이의 교우관계나 심리적인 부분도 체크해봐야 한다.

가장 중요한 것은 해야만 하는 것

니즈와 원츠가 나를 위해 사용하는 거라면 머스트Must는 남을 위한 마음, 곧 이타심으로 돈을 사용하는 것을 말한다.

외동 가정이 많은 요즘 부모는 아이가 원하는 것이 있으면 힘닿는 데까지 해주고 싶어 한다. 모든 것을 쏟아붓는다. 그러면서도 내 아이가 자기만 아는 이기적인 사람이 될까 봐 걱정한다. 돈은 자신이 하고 싶은 것을 다 할 수 있는 권력이다. 부모는 아이에게 이 권력을 자신만을 위해 쓰지 않고, 반드시 다른 사람을 위해서 사용해야 함을 알려주어야 한다.

자녀가 돈을 꼭 써야 하는 곳들이 있다. 첫째는 가족들을 위해 사용하는 것이다. 예를 들어 부모의 생일 때 선물을 하지 않는 아이들이 있다. 그냥 편지에 몇 자 적고 때우려고 한다. 자녀에게 편지를 받는 것도 좋지만 그보다는 반드시 선물을 준비하도록 해야 한다. 돈이 있는 곳에 마음이 있다는 말도 있지 않은가.

누군가에게 선물을 하기 위해서는 시간이 꽤 걸린다. 상대방이 좋아하는 것과 필요한 것이 무엇인지 평소에 세심하게 살펴야 하기 때문이다. 선물 자체보다 누군가를 기쁘게 하고자 시간을 들여 세심하게 살피는 것을 교육시키는 것이 중요하다. 그러한 과정을 거쳐야 사회성 있는 아이로 자랄 수 있다.

나에게는 조카가 하나가 있는데, 갈 때마다 용돈을 준다. 그런데 난 조카로부터 뭔가를 받은 기억이 없다. 조카에게 바라는 것이 있는 것은 아니지만 용돈은 아무것도 하지 않고 생기는 불로소득이 아닌가. 자녀에게 친인척을 챙기도록 하는 것도 좋은 공부다. 명절 때 가족들을 만나기 전 자녀에게도 어른들께 선물할 것을 준비하도록 해보자. 말로만 이기적인 아이로 자라지 않을까 걱정하지 말고, 은혜를 입은 사람에게는 간단한 선물을 준비할 줄 아는 아이로 키우는 것이 필요하다. 다른 사람을 위해 시간과 돈을 들이는 것은 인간관계를 편안하게 하는 중요한 요소이다.

기부 또한 반드시 해야 하는 머스트에 해당한다. 우리나라는 기부에 대한 인식이 굉장히 낮은 편에 속한다. 국제 자선 구호 재단인 CAF Charities Aid Foundation에서는 매년 나라별로 〈세계 기부 지수〉를 발표한다. 2020년 기준 우리나라는 114개 조사국 중 110위로 최하위권에 속한다.

이 지수에는 기부뿐 아니라 자원봉사도 포함되어 오직 돈에만 국한되어 있지는 않지만, 한국 사람들의 기부에 대한 생각을 가늠해볼 수 있는 지표다. 기부 지수가 가장 높은 상위 10위국 중에는 인도네시아, 케냐, 나이지리아, 미얀마 등 극빈국들이 많다. 꼭 돈이 많아서 남에게 나눠주는 것이 아님을 알 수 있다.

통계청 〈2019 사회조사〉에 따르면 매년 기부경험 비율이 지속적으로 감소하여 2019년에는 25.6%에 그쳤다고 한다. 반대로 생각해보면 기부 경험이 없는 사람들이 74.4%에 달한다는 것이다. 사람들이 기부를 하지 않는 이유로는 '경제적인 여유가 없어서'가 51.9%로 가장 높았다.

기부 확산의 요건으로 많은 사람들이 사회 지도층과 부유층의 모범적인 기부 증대(43.9%)와 기부단체의 자금 운영의 투명성 강화

(30.1%)를 꼽았다. 나눔에 대한 인식 개선은 13.9%에 그쳤다. 우리는 돈이 많은 사람이 기부를 더 하고, 기부단체가 좀 더 잘 운영되면 기부를 할 것처럼 말한다. 하지만 기부 상위권 국가들을 보면 그보다는 사회 분위기와 사람들의 인식 변화가 더 중요하다는 것을 알 수 있다.

사람에게는 이기심도 있고 이타심도 있다. 사람에게 어느 것이 더 강한가를 판단하기는 어렵지만, 시간으로 계산해보면 좀 더 정확하지 않을까 한다. 긴 시간 이기심이 지배하고, 가끔 한 번씩 꺼내 단기간 사용하는 것이 이타심이다. 꾸준하게 기부를 하거나 봉사를 하는 건 정말 어렵다. 그러나 길을 가다 누군가가 쓰러져 있는 걸 보고 그냥 지나칠 사람은 없다. 이타심은 잠깐은 쉽게 발휘될 수 있으나 꾸준하게 이루어지는 건 어렵다. 어릴 때부터 일정한 기준을 정해 기부를 하도록 권장해야 한다. 가족과 함께 한 달에 한 번 봉사단체에 가서 시간을 보내는 것도 좋다.

돈 잘 쓰는 방법으로 니즈와 원츠, 머스트에 대해서 배워봤다. 니즈와 원츠는 자신을 위한 것이고, 머스트는 타인을 위한 나눔이다. 니즈와 원츠는 용돈벌이 교육을 하면 자연스럽게 깨닫게 되지만, 머스트는 부모가 반드시 가르쳐야 하는 것이다. 부모가 아니면 배울 수 없는 영역이므로 더욱 중요한 소비의 영역이다. 이 부분을 소홀히 하면 자신만 생각하는 예의 없고 이기적인 졸부로 자랄 수 있다.

돈을 모으기 위해서는 절약이 필요하지만, 돈을 써야 할 때는 쓸 줄도 알아야 한다. 소중한 사람에게 돈 한 푼 제대로 쓰지 못하는 아이로 자라게 해서는 안 된다. 돈을 잘 쓰는 바른 습관을 갖도록 어릴 때부터 교육해야 한다.

PART
04

우리 아이
부자 만들기
7단계 실전
프로젝트

게임을 통해
돈의 원리 깨우치기

소비에 대한 것은 생활 속에 자연스럽게 녹아 있다. 부모와 마트를 가거나, 장난감을 구매할 때 아이들은 돈 쓰는 법을 터득한다. 따로 교육이라는 이름을 붙이지 않아도 자연적으로 부모를 통해 습득할 수 있는 부분이다.

부모가 특별히 신경 써야 할 부분은 돈 만드는 원리를 알려주는 것이다. 투자를 통해서 말이다. 아이와 실전투자를 하기 전에 돈이 어떻게 불려지는지 알 수 있는 방법이 있다. 바로 가상 게임을 통하는 것이다.

금융 보드게임을 통해 가르칠 수 있는 것

자녀가 돈에 대해 깨닫게 할 수 있는 가장 쉬운 방법은 같이 보드게임을 하는 것이다. 시중에는 모의투자를 할 수 있는 다양한 금융 보드게임이 나와 있다. 흥미로운 점은 모든 게임의 내용이 절약하는 방법을 알려주는 게 아니라 투자를 다루고 있다는 것이다. 아이들이 하는 보드게임에서도 부자가 되는 방법으로 절약과 저축이 아닌 투자를 제시하고 있다는 것이 흥미롭지 않은가. 돈을 쓰는 교육에 앞서 버는 교육을 먼저 해야 하는 이유이다. 어른들이 먼저 금융 교육에 대한 생각의 방향을 바꿀 필요가 있다.

금융 보드게임의 장점은 첫째, 쉽고 재미있다는 것이다. 돈의 흐름을 따라가다 보면 어려운 금융용어를 쉽게 익힐 수 있다. 둘째는 부모와 자녀가 함께 즐길 수 있다. 게임의 룰에 익숙해지면 어른과 아이 간에 별 차이가 없어진다. 어른이라고 게임에서 항상 이길 수 있는 것이 아니다. 셋째는 투자의 장점과 위험성을 동시에 알 수 있다. 금융 보드게임은 투자 게임이므로 투자를 잘하면 큰돈을 벌지만, 잘못하면 파산까지 이르게 된다. 투자를 할 때는 신중해야 한다는 걸 자연스럽게 익히게 된다. 다만 게임에서는 사고팔기를 짧은 시간에 하기 때문에 자녀가 단타성 매매에 익숙해질 수 있다. 그러므로 게임이 아닌 실전 투자 시에는 길게 보고 장기로 해야 한다는 걸 따로 알려주는 것도 필요하다.

금융 보드게임은 남녀노소가 즐길 수 있다. 게임의 난이도에 따라 약간의 차이는 있을 수 있겠으나 보통 여섯 살부터 어른들까지 다 즐길 수 있다. 많지는 않지만 미취학 아동용 금융 보드게임도 있다.

금융 보드게임으로 가장 유명한 것은 모노폴리와 부루마블이다. 다들 어릴 때 하나 정도는 가지고 있었을 정도로 오랜 전통을 가진 게임이다. 그동안 발전을 거듭하며 다양한 버전들이 출시되어 있어 선택하는 재미도 있다. 실제 한국의 부동산에 특화되어 있는 버전도 있고, 그 외에도 다양한 종류가 있으니 취향에 따라 골라보자.

금융 보드 게임의 종류

＊캐시 플로우
플레이 인원 : 4~6인 | 이용 연령 : 초등학교 고학년~성인
게임 특징 : 《부자 아빠 가난한 아빠》의 로버트 기요사키가 만든 보드게임으로 모임이 따로 있을 정도로 어렵지만 재밌는 게임. 은행 역할을 하는 딜러로 따로 1명이 배정되면 더 편하게 게임을 할 수 있음.

＊모노폴리
플레이 인원 : 2~8명(4인 추천) | 이용 연령 : 8세~성인
게임 특징 : 1930년대 대공황 시기에 찰스 대로우가 창안. 금융 보드게임 중 가장 역사가 오래된 게임으로 부루마블의 원형.

＊부루마블
플레이 인원 : 2~4인 | 이용 연령 : 8세~성인
게임 특징 : 1982년 한국의 씨앗사에서 만든 보드게임. 땅을 사고 건물을 지어 임대료를 받아 재산을 증식하는 게임

＊기타
경제금융 보드게임 〈빅쇼트〉, 〈인생게임〉, 〈플레이 마블〉, 〈모두의 마블〉, 〈용돈 탐험대 보드게임〉, 〈청소년 금융협의회 보드게임〉 등

세계적인 금융 교육 전문가가 만든 〈캐시 플로우〉

　여기서는 '캐시 플로우CashFlow'라는 게임을 소개하려 한다. 《부자 아빠 가난한 아빠》의 저자이자 금융 교육 전문가인 로버트 기요사키가 만들었으며, 그의 저서를 기본으로 만든 부자 되기 게임이다. 돈이라는 게 어떻게 이동하고 부가 어떻게 축적되는지 사람들을 깨우치기 위해 만들어졌다. 게임 시작 시 직업을 선택하는데, 평범한 사람이 어떻게 근로소득과 투자소득을 이용해 부자가 될 수 있는지 그 방법을 알려준다.

　게임의 내용은 이렇다. 우리는 모두 월급을 받는 작은 트랙 위에 있는 쥐들이다. 월급으로 주식, 부동산, 사업 등에 투자하면서 돈을 불려간다. 계속 단위를 높여가며 투자하다 지출보다 투자소득이 높아지면 부자의 트랙으로 넘어가는 게임이다. 현실 경제를 굉장히 잘 반영하고 있다는 것이 이 게임의 특징이다. 손익계산서와 대차대조표(재무상황표)를 이용하면서 돈을 불려가는 과정을 실감나게 즐기게 된다.

　이 보드게임이 다른 것에 비해 어렵게 느껴지는 이유는 투자를 할 때 사고파는 과정을 자신의 재무제표에 다 수기로 기록해야 하기 때문이다. 재무제표가 익숙하지 않은 경우 룰을 익힐 때까지 시간이 걸린다. 그러나 한번 습득하게 되면 실제 투자에도 적용할 수 있기 때문에 굉장히 유용하다. 앞서 '기업형 가계부를 통해 우리 집 경제 상황 체크하기'에서 소개했던 손수지, 대자부를 한번 써봤다면 별 어려움 없이 플레이할 수 있을 것이다. 그래도 금융 보드게임 중에선 어려운 축에 들어가니 한 번쯤은 모임에 나가 실제로 플레이하는 것을 보면서 배우는 것도 좋은 방법이다.

게임 속에서 돈의 흐름을 따라가다 보면 어려운 금융용어도 쉽게 익힐 수 있다. 매뉴얼에 용어 설명이 있으니, 엄마 아빠가 꼭 숙지한 후에 자녀와 게임을 하길 바란다. 투자할 돈이 부족할 경우 은행에서 대출을 할 수 있다. 이를 통해 자녀는 돈을 빌리면 이자를 내야 한다는 걸 자연스럽게 알게 된다. 파산을 했던 플레이어가 은행 빚을 통해 재기하여 1등으로 부자가 되기도 한다.

그리고 기부를 하게 되면 주사위를 2번 더 던질 수 있는 기회가 주어진다. 게임이 끝난 후 기부에 대해 아이와 얘기를 나눠봐도 좋은 교육이 될 것이다.

게임을 하다 보면 부모는 자연스럽게 내 아이의 투자 성향을 파악할 수 있게 된다. 평소에는 소심하지만 돈에 대해서는 과감한 투자를 하는가 하면, 정반대의 모습을 보이는 아이도 있다. 그뿐 아니다. 기부를 편안하게 받아들이고 기부가 주는 기회를 누리는 아이도 있지만, 아까워하는 아이도 있다. 특히 한국 사람들은 은행에서 돈 빌리는 걸 굉장히 두려워하는데, 우리 아이는 어떤지 한번 확인해 보길 바란다. 게임에 빠져 월급 받는 걸 깜빡 잊는 아이도 있다. 처음한 번 정도는 봐줘도 되지만, 두 번째부터는 무조건 룰대로 진행해야 한다.

금융 보드게임은 평범한 직장인이 부를 축적해나가는 과정을 자연스럽게 습득할 수 있도록 해준다. 덧셈, 뺄셈만 익숙해지면 누구나 할 수 있기 때문에 접근성도 좋다. 돈 쓰기는 어디에서나 쉽게 가르칠 수 있지만, 돈 투자하고 불리기는 쉽게 접할 수 없기 때문에 모의 투자를 보드게임으로 하면 좋다.

성인들도 금융에 대해 처음 공부할 때는 어렵게 느껴지는 경우가 많으므로, 보드게임으로 금융용어에 익숙해진 후 본격적으로 금융 공부에 돌입할 것을 권한다. 금융 보드게임은 남녀노소 누구나 금융에 대해서 쉽게 배우게 해주므로 강력 추천한다.

가족 경제회의
개최하기

보드게임을 통해 내 아이의 투자 성향을 파악했고, 아이들에게 점차 돈에 대한 개념이 생기기 시작했다면 가족 경제회의를 개최해 보자. 회의는 참석자들과 생각을 나누는 시간이다. 의견을 교환하여 더 좋은 결과를 도출하기 위한 것이다. 일반 회사는 직원이 계속 바뀌지만, 가족은 쉽게 구성원을 바꾸거나 새로운 가족을 만들기가 어렵다. 자녀가 성인이 되어 독립할 때까지 부모와 자녀들은 원하지 않아도 함께 생활해야 하는 경제 공동체다.

부모 입장에선 내 속으로 낳았으니 나에게 소속되어 있는 존재라고 생각하기 쉽지만, 자녀는 모두 독립된 인격체다. 부모가 정해놓은 목표를 일방적으로 자녀에게 강요해서는 안 된다. 가정이 하나의 공동체로서 한 방향을 향해 나아가기 위해서는, 함께 목표로 설정하고 합의된 행동을 해야 한다.

그러기 위해서는 모든 것을 투명하게 공유해야 한다. 자녀가 어리더라도 회의에 참석시키는 것이 좋다. 옹알이밖에 못 하더라도 가족 회의라는 의미에 부합하려면 꼭 회의 자리에 참석시키자. 어릴 때부터 변하지 않는 가정 내 규칙이 있어야, 아이가 커서도 그 시간만큼은 반드시 지킬 것이다. 회의가 끝나면 재미있는 놀이나 외식 등 가족들이 다 즐길 수 있는 일을 한 가지 정해서 실천하도록 한다. 그래야 아이들이 가족 회의 시간을 즐거운 마음으로 기다린다.

우리 가족 경제회의 어떻게 시작할까

회의 전에 준비해야 할 것들이 있다. 먼저 우리 가정의 손익계산서와 대차대조표(재무상황표)를 정리한다. 기업형 가계부에는 이달의 수입과 지출, 현재 자산과 부채가 모두 기록되어 있으므로, 그걸 함께 보면 우리 집 전체 재정을 한눈에 볼 수 있다. 처음에는 구체적으로 기록하는 것이 어렵고 힘들지 모른다. 하지만 계속 하다 보면 금세 익숙해질 것이다.

그리고 가족 구성원 각자 한 달간 자신의 수입과 지출 기록을 준비한다. 아이의 투자 상품은 자녀와 함께 정리하되, 아이가 직접 자신의 문서에 기록하도록 한다. 확인은 함께하되 아이가 자신의 자산을 정리하도록 도와주자. 투자했다고 끝이 아니고, 계속해서 관심 갖고 공부할 수 있게 해주는 것이 더 중요하다.

그 외에 회의에서 논의할 안건들도 미리 생각해두어야 한다. 지난달보다 유독 생활비가 많이 나갔다면 절약할 수 있는 방안에 대해서 논의해본다. 생활비 지출이 많은 이유를 찾아보고, 이를 토대로 해결책을 서로 나누는 것이다.

회의에서는 모두가 평등해야 한다. 만약 아이가 엄마에게 왜 그 물건을 구매했는지 물으면 대답해야 한다. 아빠의 음주 소비가 많다면, 그것에 대해서도 논의할 수 있다. 아이의 용돈벌이에 대한 부분도 이슈가 있으면 안건으로 적는다. 용돈에 관련한 부분은 즉각 결정하기보다는 꼭 가족 회의의 안건으로 상정한 후 함께 논의해서 정하도록 하자.

가족 경제회의에서 꼭 논의할 것은 수입을 늘릴 수 있는 방안이다. 특히 노동수익보다 금융수익을 늘릴 방안을 머리를 맞대고 생각해보자. 당장 금융수익을 늘리기 어렵다면 수익을 늘릴 계획을 함께 세워보는 것도 좋다. 사실 아이의 돈 교육을 위해서는 부모가 먼저 공부해야 한다. 부모가 금융수익을 증가시키려고 노력하는 모습을 보며 아이들은 투자소득의 중요성을 자연스럽게 알게 될 것이다.

〈우리 가족 경제회의 예시〉

① 가족회의명 : 제 1차 가화만사성

② 참가자 : 아빠 OOO, 엄마 OOO, 아들 OOO, 딸 OOO

③ 회의 인도 : 엄마 OOO

④ 서기 : 아들 OOO

⑤ 오프닝 스팟 : 아빠 OOO

⑥ 일시 : 2022년 1월 29일 목요일 오후 4시

⑦ 준비 자료 : 가계부, 용돈기입장

⑧ 회의 안건 : – 엄마 : 전기세가 너무 많이 나가요.

　　　　　　– 아빠 : 스스로 잘 씻었으면 좋겠어요.

　　　　　　– 첫째 아들 : 홈알바 가격을 올려주세요.

　　　　　　– 막내딸 : 아빠가 담배를 덜 피우면 안 될까요?

〈회의 시작〉

○ 오프닝 스팟 : 기타 선율에 맞춰 노래하기

○ 지난 회의 결과에 대한 실행

○ 자료 설명 : 가계부, 용돈기입장 외

○ 안건에 대한 생각 나누기

○ 결과 정리

　① 가족 회의명은 첫 회의 때 정한다. 이름이 생기면 가족 결속력이 더욱 높아진다.

　② 가족 100% 참석을 원칙으로 한다. 예외의 상황을 두지 않아야 한다.

③ 회의 전체 사회자는 부모 중 되도록 아이들에게 좀 더 친근하고 부드러운 사람이 하도록 한다.

④ 서기는 사람들의 말을 주의 깊게 듣고, 요약 정리하는 능력을 키울 수 있다. 하지만 회의를 정리하면서 자신의 의견도 내야 하는 어려운 자리이다. 힘든 일이므로 자녀가 좋아하는 것으로 약간의 보상을 주는 것도 좋다.

⑤ 오프닝 스팟Opening Spot은 회의를 시작할 때 분위기를 전환하는 역할을 한다. 간단한 레크레이션이라고 생각하면 된다. 회의 분위기를 부드럽게 하고 기분 좋은 시작을 알린다. 함께 노래 부르거나 가벼운 손동작을 짜오면 된다. 노래를 정하면서 요즘 우리 아들딸이 무슨 노래를 좋아하는지 관심 가질 수 있는 좋은 기회다. 학교의 교가처럼 항상 같은 노래를 가족송으로 정해 합창해도 좋다. 한 사람의 장기자랑을 나머지 가족들이 바라보는 형태보다 모두 함께하는 방식이면 된다.

⑥ 회의 날짜는 월급을 받은 후 그주의 금요일이나 주말에 시간을 정한다. 식사 이후에 간단한 차를 마시며 할 수도 있고, 식사 2시간 전에 시작하여 1시간은 회의하고, 1시간은 가족들이 함께 식사 준비를 해도 좋다. 날짜는 무슨 일이 있어도 절대적으로 지키도록 해야 한다.

⑦ 가계부에 대해 설명한다. 하나하나 설명을 다 하면 시간이 부족하므로 꼭 필요한 부분만 설명한다. 지난달과 비교하여 설명한다.

가계부에는 아빠 용돈, 아이 용돈으로 구분되어 있을 텐데, 그 부분은 각자 사용처에 대해서 당사자가 설명한다.

⑧ 회의 안건은 가족 회의 전에 받는다. 회의 중 즉석해서 올라오는 안건도 추가적으로 적는다.

⑨ 지난달 회의 때 나온 안건에 대한 결과가 그사이 잘 실행되었는지 체크한다. 문제가 있다면 다시 안건으로 올리고 실행 방안을 재논의한다.

⑩ 회의 결과 정리는 안건에 대한 논의 결과를 정리해서 적는다. 정리가 잘돼야 다음 달 회의 때 가족 구성원 하나하나가 잘 실행했는지 확인할 수 있다.

가족 경제회의에서 조심해야 할 점

가족 회의를 하면서 유념해야 할 점은 다른 사람의 트집을 잡거나 잘못을 지적하기 위해 이 회의를 하는 게 아니라는 것이다. 원래 자기 눈의 들보는 못 보면서 남의 눈의 티끌은 잘 보이는 것이 사람이다. 트집을 잡으려 들면 끝이 없다. 내 생각과 다르다고 해서 하나하나 따지고 들면 서로 손가락질만 하다 회의가 끝날 것이다. 평소에 기분 나빴던 것을 모아놨다가 회의 시간에 터트리게 되면 이 회의를 지속하기가 어려워진다. 계속되는 문제이거나 심각한 사건이 아니라면 서로 존중하며 진행한다. 재미와 존중의 의미로 회의 시간에는 서로에게 ○○님 하며 존칭을 하고 존댓말을 사용하는 것도 좋은 방법이다.

가족 경제회의를 계속하다 보면 아이가 집안의 사정을 훤히 알게 되니 학교 친구들이나 친척, 지인들에게 집안 사정을 말하는 경우가 있다. 가족 회의는 가족 구성원만 그 내용을 알아야 하는 비밀회의임을 아이에게 꼭 인식시켜주자. 가족들 외의 사람에게는 이야기하면 안 된다고 주의를 줘야 한다.

그렇지 않으면 옆집과 비교하여 불화의 원인이 되기도 하고, 범죄의 대상이 될 수도 있다. 내가 어릴 적엔 창가에 전화기를 두지 말라는 말이 있었다. 전화로 돈 얘기를 하면 귀신같이 옆집에서 빌리러 온다고 말이다. 우스갯소리이긴 하지만 아이들이 실수로라도 말하지 않도록 꼭 조심시켜야 한다.

회의 초기에는 자녀 앞에서 발가벗겨진 기분이 들어 부모로서 자존심이 상할 수도 있다. 그러나 가족 경제회의를 통해 가정의 재정을 투명하게 공개하면 돈 관리에 계획성이 생긴다.

아이들은 한 달 생활비가 얼마 들어가고, 우리 집의 대출금을 앞으로 몇십 년간 더 갚아야 하는지 알게 된다. 전체 수입에서 자신에게 들어가는 지출의 비율도 안다. 막연하게만 생각했던 집안 사정을 알게 되면 아이가 스스로 해야 할 일과 하지 말아야 할 일을 구분하게 된다.

내 아이를 부자를 만들고 싶다면 많은 시간을 들여 대화해야 하고 정보를 공유하고 함께 고민해야 한다.

내 아이에
맞는 용돈벌이 교육

거듭 말하지만 자녀에게 그냥 용돈을 주어서는 안 된다. 아이가 땀 흘려 일한 노동의 대가여야 한다. 앞서 설명했듯 아이가 할 수 있는 용돈벌이의 종류는 홈알바, 홈잡, 잡알바가 있다. 홈알바는 용돈벌이의 가장 일반적인 방식으로 설거지나 거실 청소, 신발장 정리 등 공동의 일에 대하여 알바비를 책정한다. 홈잡은 집 안에서 할 수 있는 일을 직업으로 정하고, 일정 기간 동안 충실히 수행했을 때 급여를 주는 방식이다. 잡알바는 홈알바와 홈잡을 섞은 형태로 직업을 잘 수행했을 때 기본 급여가 있고 추가적으로 다른 일을 했을 때도 용돈을 주는 것이다.

세 가지 방식 중에 하나를 택하면 되지만, 개인적으로는 '잡알바'를 추천한다. 가족의 일원으로서의 책임감과 사업적인 마인드를 둘 다 키우는 계기가 될 수 있기 때문이다. 일단 기본급을 줄 수 있는 직업을 선택한다. 부모가 가정에서 수행할 수 있는 여러 가지 직업을 생각해서 제안해도 좋고, 아이 스스로 직업을 창출해도 좋다. 직업이기 때문에 자녀가 항상 책임감을 가지고 신경 써서 할 수 있는 것으로 한다. 그리고 추가로 할 수 있는 일을 정한다. 우리가 돈이 필요할 때 직업 외에 추가로 다른 아르바이트를 하는 것처럼 아이가 돈을 더 벌 수 있는 기회를 주기 위해 일거리 리스트를 적어보자.

용돈벌이 교육에서 중요한 것은 부모의 확고한 기준

용돈벌이를 정할 때 가장 고민이 되는 것은 어떤 일에 돈을 줘야 하는가 하는 문제일 것이다. 이때 부모는 확고한 기준이 있어야 한다. 그 기준은 아이 개인의 일이냐, 공동의 일이냐다. 가족식사 후에 설거지를 하는 것은 공동의 일이다. 아이가 자신의 방을 청소하는 것은 개인 일이다. 앞서 말했듯 자녀의 성적을 올리기 위해 몇 점 이상 나오면 보상금을 주겠다는 식으로 동기부여를 하는 것은 좋지 않다. 자유롭게 게임하는 시간을 주거나 여행을 함께 가는 등 돈이 아닌 다른 보상으로 줘야 한다.

용돈벌이라고 해서 꼭 육체적인 노동만을 의미하는 것은 아니다. 기획서, 계획서를 써보도록 하는 것도 좋은 일거리이다. 가족 여행이 계획되어 있다면 아이에게 여행 코스와 일정을 짜보게 하자. 여행을 준비해본 사람이라면 알겠지만 숙소 예약, 먹거리, 코스 등 신경 써야 하는 게 한두 가지가 아니다. 가족 구성원 한 사람 한 사람의 취향을 반영해야 하므로 고도의 정신적 노동이다.

　역사 유적지에 갈 경우 아이에게 여행 가이드를 시켜도 좋다. 역사와 지리를 공부해야 하기 때문에 공부가 되고, 가족이 함께하는 여행이 더 즐겁고 알차질 것이다. 여행은 아는 만큼 보이는 것이니까. 게다가 자녀 입장에서는 여행 가이드로 용돈도 벌 수 있으니 일석이조 아닌가.

　아이가 투자를 시작했다면 관심 있는 회사의 분석 기획서를 쓰게 할 수도 있다. 그러나 여기서도 아이 개인의 일과 공동의 일은 구분해야 한다. 아이가 자신의 주식 포트폴리오를 위해서 회사의 재무제표를 공부한 것이라면 용돈을 줘서는 안 된다. 공동의 일, 남의 일을 대신해 줄 때만 용돈을 주는 것이 원칙이다. 부모가 아이에게 우리 가족 투자 포트폴리오를 위해 요청한 것이라면 용돈을 줘도 좋다. 아이의 머리가 필요해서라기보다는 기획서 쓰는 훈련을 시키기 위해 가끔 용돈을 주면서 시켜도 좋다. 훈련도 되고 자녀의 재능을 확인할 수 있는 기회이다.

　이때 유념해야 할 것은 아이 교육을 위해 하는 용돈벌이라는 것이다. 교육적인 측면에서 접근해야지 아이에게 일을 시키거나, 용돈을 주는 것이 목적이 되어서는 안 된다.

일에 대한 급여는 아이의 나이에 맞춰 정한다. 아이가 일하는 것이 성인처럼 완벽할 수는 없다. 똑같은 일이라도 초등학생과 고등학생은 일의 완성도에서 큰 차이를 보일 것이다. 동일 노동을 한다고 하여 동일한 금액을 용돈으로 책정해선 안 된다. 사회에서도 숙련공과 비숙련공 간에 급여의 차이가 있듯이 나이와 숙련도에 맞춰 용돈을 정하자.

생각보다 무궁무진한 잡알바의 세계

잡알바를 위해서는 일자리(직업)를 정해주고, 추가로 일할 수 있는 방안도 마련해둔다. 생각보다 집에서 할 수 있는 일들은 무궁무진하다. 아이가 창의적으로 어떤 일자리를 생각해올 경우 부모는 무시하지 말고 용돈벌이로 만들 수 있는지 심사숙고해야 한다. 그 자리에서 결정하지 말고, 가족 경제회의를 거쳐 체계적으로 진행하길 바란다. 집안일 외에 아이가 외부 활동을 하고 싶어 하면 부모는 법적인 문제가 있는지, 위험성은 없는지 체크하고 세심하게 신경 써야 한다.

〈잡알바의 예〉

○3월의 직업 : 반려동물 관리사

– 하는 일 : 반려동물의 대소변을 치우고, 매일 2회 밥과 물을 챙겨 줍니다.

　　　　　매일 산책을 시키고, 목욕은 일주일에 1회 이상 시행 합니다.

– 급여 : 100,000원/월

– 급여 기준 : 수행률 80% 이상일 때

○추가로 할 수 있는 일

목록	금액	내용
설거지	2,000원	가족 저녁식사 후 설거지
신발 정리	500원	바로 신지 않는 신발은 정리하여 신발장에 넣고, 입구 청소하기
빨래하기	2,000원	빨래 세탁기에 넣고 돌린 후 끝나면 널기
거실 청소	2,000원	바닥 물건을 정리한 후 로봇청소기 돌리기, 끝난 후 청소기 안 먼지 제거
화장실 청소	5,000원	세제 사용하여 화장실 및 변기 청소, 화장실 배수구에 낀 이물질 빼기, 화장실 쓰레기통 비우기
여행 가이드	10,000원	가족 여행의 기획을 하고, 가이드 역할을 함

○월 용돈벌이 표

직업/수행	1일	2일	3일	4일
반려동물 관리사	배변처리 △ 밥 주기 O 산책 O	배변처리 O 밥 주기 O 산책 O 목욕 O	배변처리 O 밥 주기 X 산책 X	배변처리 O 밥 주기 O 산책 O

직업은 자녀의 나이와 수준에 맞춰 다양하게 정할 수 있다. 재미있는 이름을 붙여도 좋지만 그게 어렵다면 원래 있는 직업의 이름을 따와서 약간 변형을 해도 된다. 반려동물 관리사, 신발 정리사, 치위생사, 화장실 청소요원 등 해당 직무명 뒤에 −사, −원, −요원 정도를 붙이면 직업 같은 느낌이 날 것이다. 그 직업에 대해서 찾아보고 자신이 지금 하는 일과 비교해보게 하면 다양한 직업의 세계에도 눈 뜨게 된다.

추가로 할 수 있는 알바도 공동의 일에서 찾는다. 아이 혼자 할 수는 없지만 가르치고 싶은 일이 있으면, 부모와 함께하는 것으로 해도 된다. 세차의 경우 아이 혼자 하기 어려운 부분이 있다. 아빠와 손세차장에 가서 함께 시간을 보내면 가족애를 돈독히 하는 기회가 될 것이다. 강아지를 혼자서 산책시키기 어려운 나이면 엄마가 항상 동행한다. 강아지와 함께 산책 시 목줄 잡는 법, 신호등 건너는 방법 등을 알려주고, 유튜브 등에서 동영상을 찾아서 어떻게 하는지 보여주자. 반려동물의 종마다 다른 점들을 자녀와 함께 살펴봐도 좋다.

용돈의 사용범위와 용돈의 금액 정하기

용돈의 사용범위는 사람마다 생각이 다를 수 있다. 간식 구입비만 용돈에서 써야 한다고 생각하는 부모도 있고, 학용품 구입비까지 포함해야 한다는 부모, 또는 그 외 많은 물품을 용돈에서 충당하길 바라는 부모도 있을 것이다.

2021년 9월 광주시청소년활동진흥센터에서 실시한 〈청소년 소비 실태 조사〉에 따르면, 중고등학생들은 81.5%가 간식비로 사용한다고 응답했고, 문화·여가활동 55.5%, 의류와 잡화 36.0%, 교통비 32.5%, 저축 28.5% 순이었다.(중복 응답 가능) 한 달 용돈은 중학생 3만 원 이상 5만 원 미만, 고등학생 5만 원 이상 10만 원 미만이었다.

지역마다, 가정마다 약간의 차이는 있을 수 있겠지만 기준으로 삼을 만한 자료다. 그렇다고 저기에 맞춰서 용돈을 주라는 이야기는 아니다. 앞서 설명했듯 아이의 미래를 위한다면 용돈 사용에 있어서 10:45:45의 비율을 지키는 것이 좋다. 기부할 금액 10%, 미래를 위한 투자 45%, 아이가 사용할 금액 45%이다. 계산이 복잡하다면 용돈에서 10%를 먼저 기부금으로 떼어놓고, 나머지 금액에서 반반 나누면 된다.

예를 들어 고등학생 자녀의 한 달 용돈을 20만 원으로 정했다면, 10%인 2만 원은 기부금이다. 나머지 18만 원에서 9만 원은 개인이 사용하고, 9만 원은 투자금으로 사용한다. 예전에는 아이의 미래를 위해 투자할 때 부모가 아이 몰래 했지만, 이제는 아이에게 용돈을 주고 직접 투자하도록 해야 한다. 아이가 사용해야 할 9만 원이 적정 액수인지는 자녀와 따로 논의를 거쳐야 한다. 일단 반드시 필요한 것부터 계산한다. 꼭 필요한 것은 통학에 필요한 버스비 같은 것이다. 그 외에는 원하는 것을 구매할 수 있도록 놔둔다. 각 가정의 특징에 맞춰서 이렇게 하나하나 계산해보길 바란다.

우리 아이에 맞는 용돈벌이 교육을 정리해보았다. 용돈벌이는 교육적인 측면에서 접근해야 한다. 아이에게 용돈을 빌미로 노동을 시키고자 하는 게 아니다. 그렇기 때문에 부모와 아이의 소통을 통한 세심한 조율이 필요하다.

용돈벌이 교육에서 가장 중요한 부분은 부모의 확고한 기준이다. 확고하게 기준이 세워져 있지 않은 상태로 용돈을 주기 시작하면 아이는 자신의 일도 돈을 달라고 부모와 협상하려 들 것이다. 엄마가 기준을 정한 후 가정과 아이의 상황에 맞춰 자녀와 소통하며 나머지를 결정하는 것이 중요하다.

저금통으로
저축하는 습관 만들기

빨간 돼지 저금통을 기억하는가? 부모 세대가 어릴 때만 해도 집집마다 빨간 저금통이 없는 집이 거의 없었다. 그러던 것이 요즘은 색도 다양해지고 종류도 많아졌다. 얼마나 모았을까, 그 돈으로 뭘할까 신나는 상상도 하고, 엄마 몰래 돈을 빼서 쓰다 걸리기도 하고 돼지 저금통에 얽힌 추억 하나씩은 다 있을 것이다.

저금통은 자녀가 목돈을 만져볼 수 있는 첫 번째 기회다. 저금통에 돈을 모으며 아이들은 작은 돈이 모이면 큰 돈이 되고, 돈 단위가 커지면 할 수 있는 일도 많아진다는 걸 알게 된다. 저금통 교육은 저축의 의미를 알게 하는 중요한 단계다.

저금통 교육의 목적은 돈 모으기 연습

사실 어릴 적 저금통을 딱히 교육의 수단이라고 생각하고 사용한 사람은 거의 없을 것이다. 그저 집 안에 돌아다니는 잔돈을 넣는 통 정도로 생각했고, 시간이 지나 저금통을 열었을 때 큰돈이 된 것을 보고 와~ 하며 감탄했다. 이 돈으로 뭘 할까 가족끼리 도란도란 얘기를 나눈 기억도 남아 있다. 이 과정을 통해 아이들은 돈 모으기 연습을 하게 된다. 잔돈, 푼돈의 소중함을 알게 되고, '돈을 모으면 즐거운 일이 생기는구나'를 몸소 느끼게 된다.

나이가 어린 아이들은 용돈이 생기면 써버린다. 계획도 없고, 생각도 없다. 순간의 만족을 위해서 사용한다. 그러다 점차 성장하면서 돈을 모으면 목돈이 되고, 그러면 더 비싼 것을 살 수 있다는 것을 깨닫게 된다. 저금통은 저금을 통해 목돈을 만들 수 있다는 것을 아이에게 알려주는 좋은 도구이다. 목돈을 만들려면 돈이 생기는 대로 저금통에 넣어야 한다. 그리고 이것이 바로 습관이다. 돈 모으기 습관을 길러주는 도구가 바로 저금통인 것이다.

용돈을 받자마자 써버리는 습관이 생기면, 저축 교육을 하기 힘들어진다. 미래를 위한 저축은 나를 위한 것이 아니라고 생각한다. 실제 용돈 교육을 하다 보면 지금 당장 쓰지 못하는 돈은 자신의 돈이 아니라고 생각하는 아이들이 꽤 많다. 심지어 어른들 중에도 비슷한 생각을 하는 사람이 있다. 어떤 부모는 "왜 우리 아이 신경질

나게 돈을 줬다가 뺐느냐"고 말하기도 했다.

아이는 바로 쓸 수 없는 돈도 내 돈이고, 모아놓으면 나중에 더 많은 기회가 있다는 것을 알아야 한다. 지금 당장의 즐거움을 참으면 미래에 더 많은 것을 얻을 수 있음을 배워야 하는 것이다.

저금통 교육 언제까지 할까

일반적인 부모는 저금통이 꽉 차기 전에는 열 수 없게 한다. 저금통 교육은 인내심을 기르게 하고 목돈을 만드는 즐거움을 알게 하는 데는 좋지만, 경제적인 측면에서는 그렇지 않다.

저금통은 이자가 생기지 않는다. 적은 돈인데 은행이자가 붙어봤자 얼마나 붙겠나 하는 것은 어른의 생각이다. 또 저금통에 돈이 얼마가 들었는지 알 수 없다. 돼지 저금통을 다 채워서 배를 가를 때, 모인 돈의 액수를 보면 선물을 받은 듯 행복한 기분이 든다. 그러나 그동안 그 돈은 이자도 만들지 못하고 저금통 안에 정체되어 있는 것이다.

저금통 교육은 초등학교 저학년 이하의 아동에게는 권한다. 아이가 용돈을 벌기 시작하면 그만두어도 된다. 딱 나이로 정할 순 없지만 아이가 돈을 모으면 목돈이 된다는 걸 깨달았다면 멈춰도 좋다. 용돈을 벌기 시작하면 입출금 관리를 해야 하기 때문에 저금통은 무

의미하다. 집에 돌아다니는 동전을 넣으면 되지 않느냐고 말씀하시는 분들이 있는데, 집에 동전이 막 돌아다닌다는 것 자체가 가정에서 돈 관리가 안 되고 있음을 뜻한다.

몇 개의 저금통이 필요할까

저금통 교육을 시작하기로 했다면, 아이와 문구점에 가서 자녀가 좋아하는 디자인으로 직접 저금통을 고르자. 아무래도 자신의 노력이 들어가면 아이가 돈 모으기에 더 흥미를 가질 수 있다. 요즘은 용도별로 나뉘어 있는 저금통도 있다. 부모는 자신이 어릴 때처럼 하나의 저금통을 이용하게 할지, 아니면 용도별로 나눠서 저금하게 할지 고민될 것이다. 어떤 방식도 아이에게 안 좋은 영향을 끼치진 않으니 그것은 부모의 선택이다. 저금통 교육의 목적이 어디에 있는가에 따라 부모가 결정하면 된다.

내가 추천하는 건 용도를 나누지 않는 것이다. 하나의 저금통을 이용하는 걸 권한다. 처음부터 여러 개의 저금통을 이용하기로 선택했다는 것은 용도에 맞춰서 돈을 관리하는 걸 가르치겠다는 부모의 교육 목적이 담겨 있는 것이다. 그런데 이 책에서 소개하는 저금통 교육의 목적은 저금의 습관화이다.

여러 개의 저금통을 사용할 경우 아이는 돈을 넣을 때마다 여기

넣을까 저기 넣을까 망설이게 된다. 저금통에 넣는 단순한 행위를 하는데도 너무 많은 고민을 하게 되는 것이다. 저금통을 여러 개 이용하면 목돈이 생기지 않는다. 돈이 나눠지면 아이들은 쉽게 지친다. 저금통에 돈을 넣는 건 즐거운 기억이 되어야 한다. 그래야 돈이 생길 때마다 행복한 상상을 하며 저금통을 찾을 것이다.

저금통을 장만했다면 아이와 함께 저금통 뜯는 날짜를 정하자. 예전처럼 배가 꽉 찰 때까지 놔두어서는 안 된다. 한 달에 한 번 정도 열어서 가족 경제회의 때 공유하도록 한다. 그 돈을 어떻게 쓸지는 저금통을 연 후에 결정하면 된다. 그렇게 하면 아이는 목돈이 모이는 걸 볼 수 있고, 용도에 맞게 나눠서 쓸 수 있다는 것을 알게 될 것이다.

그중 10%는 아이의 이름으로 기부한다. 나머지 반은 투자하고, 반은 아이가 사용할 수 있도록 한다. 바로 사용하지 않을 돈은 은행에 저금한다. 이렇게 해야 아이가 자신의 돈을 관리할 수 있게 된다.

저금통이 꼭 하나일 필요는 없다. 가족공동체가 사용하는 저금통을 하나 더 마련해도 된다. 유대인은 아이가 태어나면 아이의 손에 동전을 쥐여주고 체다카 통에 넣는 훈련을 시킨다. 체다카는 공의, 올바름을 뜻하는 히브리어로 기부 저금통을 말한다. 유대인은 돈을 버는 행위부터 정직에 바탕을 둔다. 돈을 사용할 때도 가장 공의로운 기부를 먼저 가르친다. 이를 습관화하기 위해 생후 6개월부터 체다카 통에 기부금을 넣게 한다. 체다카 통 옆에 항상 동전을 마련해두고, 집을 들고날 때마다 돈을 넣게 하기도 한다. 교육적 측면에서 잘 생각해보고 필요하다면 저금통을 하나 정도는 추가해도 무방하다.

거듭 말하지만 저금통 교육의 목적은 우리 아이에게 저축을 하는 습관을 들이기 위한 것이다. 저금을 통해 목돈이 된다는 걸 깨달은 아이는 동전 하나도 소홀히 여기지 않게 된다. 돈 만들기 네 단계(돈 벌기 – 돈 모으기 – 돈 빌리기 – 돈 불리기) 중 두 번째 단계가 돈 모으기다. 많이 모을수록 돈을 불리는 속도에 차이가 생기게 된다. 저금을 하는 것을 자신의 돈을 빼앗기는 거라고 생각하지 않도록 어릴 때부터 교육해야 한다. 지금의 만족을 참으면 더 큰 행복이 온다는 걸 아이가 깨달을 때 앞으로의 경제 교육이 좀 더 쉬워진다.

은행에서 통장과
체크카드 만들기

은행은 아이들이 처음 접하는 금융기관이다. 돈을 다루는 곳이라 엄숙하고 조용하여 어른들도 가면 긴장하게 되는 곳이다. 평소 가던 곳들과는 사뭇 다른 분위기이기 때문에 아이에게 좋은 기억을 남겨 줘야 한다.

부모는 사전에 은행이 어떤 일을 하는지 설명해주고, 아이가 편안하게 느끼도록 해주자. 자녀 이름으로 된 첫 통장을 만들 때나 입출금을 할 때 아이가 최대한 많은 경험을 할 수 있도록 옆에서 차근차근 도와준다.

아이가 만나는 첫 금융기관, 은행

은행은 금융기관 중 가장 기본이 되는 곳이다. 자녀와 방문 전에 은행이 하는 일들에 대해서 알아보자. 은행의 기능은 크게 두 가지다. 우리의 돈을 맡아주는 일, 우리에게 돈을 빌려주는 일이다. 은행에서 돌아가는 돈은 모두 '남의 돈'이다. 다시 말하면 남의 돈으로 돈을 버는 곳이 은행이다. 여기서 남의 돈이란 우리가 저축한 돈으로, 그것을 빌려주고 돈을 번다는 것이다.

1만 원을 저축하면 우리는 은행으로부터 1만 원에 대한 이자를 받는다. 그럼 은행은 내가 저축한 1만 원을 그대로 가지고 있을까? 아니다. 10%(1,000원)만 남겨두고 9,000원은 다른 사람에게 빌려준다. 그것을 대출이라고 한다. 예금과 대출 사이에서 생기는 이윤을 예대마진이라고 한다. 은행의 기본 수입은 예대마진에서 생긴다.

은행에 대해 알아야 하는 이유는 이 은행 시스템을 유대인이 만들었기 때문이다. 달러는 미국의 연방준비제도Fed, Federal Reserve에서 발행하는데, 미국의 중앙은행에 해당한다. 그런데 연방준비제도는 우리나라의 한국은행과 달리 주식회사다. 연방준비제도의 주식은 투자은행들, 우리가 아는 시티은행, JP모건, 골드만삭스 등이 가지고 있다. 이들은 모두 유대인들이 만든 투자기관들로 유대인이 세계 금융을 꽉 잡고 있다 해도 과언이 아니다. 유대인들이 만든 시스템을 잘 알아야 돈의 흐름을 알 수 있는 것이다.

돈 공부를 시작할 때 돈의 역사를 배우는 이유도 여기에 있다. 우리는 당장 삼성전자 주식이 떨어졌다는 뉴스에만 신경을 쓴다. 그러나 금융 공부를 할 때는 금융 시스템에 대해서 아는 것이 더 중요하다. 유대인들은 자신들이 만들어놓은 금융 시스템을 이용하여 돈을 벌어들이고 있기 때문이다. 그들은 바로 남의 돈OPM, Other People's Money, 우리가 맡긴 돈을 가지고 돈을 벌고 있다.

아이들은 은행을 단순히 내 돈을 안전하게 보관하는 곳이라 생각한다. 어른들도 그렇게만 알고 있는 사람들이 많다. 조금 더 안다고 해봐야 각종 적금 상품이 있는 곳, 대출을 해주는 곳, 신용카드를 발급하는 곳 등 단편적인 지식만을 가지고 있다. 아이들의 수준에 맞춰 조금씩 은행과 은행에서 일어나는 일에 대해서 가르쳐줘야 한다. 무엇보다 아이들이 친근하게 은행을 느끼도록 하는 것이 중요하다.

자녀의 은행 계좌 개설하기

성인은 비대면으로 은행 계좌 개설이 가능하다. 하지만 미성년은 부모의 동의가 있어야 하고, 비대면 계좌 개설이 불가능하다. 반드시 해당 금융기관을 찾아가서 진행해야 한다. 필요서류는 다음과 같으며, 보통 '최근 3개월 이내 발급' 받은 것을 제출해야 한다. 기본증명서와 가족관계증명서의 경우 인터넷으로 발급이 가능하고, 가까운 행정복지센터(동사무소)에서 해도 된다. 필요서류는 기관마다 다를 수 있으니, 꼭 먼저 확인 후 준비해가길 바란다. 계좌 개설 시 자녀를 반드시 동반해야 하는 경우도 있다.

① 기본증명서(상세) : 자녀 기준 발급, '전자가족관계등록시스템'에서 인터넷 발급 가능
② 가족관계증명서(상세) : 부모 기준 발급, '전자가족관계등록시스템'에서 인터넷 발급 가능
③ 자녀 도장
④ 법정대리인(부모) 신분증 : 기관을 방문하는 부모의 신분증

통장은 두 개, 수입 통장과 지출 통장을 만든다. 수입 통장은 용돈 등 모든 수입이 들어오는 통장이다. 여기서 한 달간 사용할 금액을 지출 통장으로 옮겨놓는다. 지출 통장에 연결된 체크카드도 발급받는다.

아이가 원하는 물건을 사기 위해 통장을 더 만들어 따로 저축해도 좋으나, 간단한 것은 저금통을 이용해도 괜찮다. 요즘은 예전처럼 통장을 많이 만들 수 없다. 모든 은행을 통틀어 영업일 20일 기준으로 하나씩만 만들 수 있다. 게다가 통장이 여러 개이면 아이가 관리하기 어려울 것이다. 그러니 저금통과 통장을 적절히 활용하도록 하자.

체크카드와 신용카드 교육이 필요한 때

자녀가 자신의 물건을 잘 보관할 수 있는 나이가 되면 당장 쓸 돈을 통장에 넣고 체크카드를 만들어주자. 중학교 고학년 정도 되면 돈을 안심하고 맡길 수 있게 된다. 이때 체크카드 외에 신용카드를 자녀에게 만들어줘도 된다.

2021년 6월부터 만 12세 이상인 중·고등학생도 부모 신청에 따라 가족카드 형식으로 신용카드를 발급받을 수 있게 되었다. 사용처와 한도가 정해져 있기 때문에 크게 염려할 필요는 없다. 아이에게 신용카드 사용법을 일찍 가르치고 싶다면 이용해도 좋다.

전 세계 사람들은 현금보다 카드를 더 많이 사용하고 있다. 2019년 세계은행 자료에 의하면 한국의 카드 사용률은 77%로 세계에서 가장 높다. 특히 디지털 화폐 확산에 박차를 가하고 있는 중국의 경우 2024년이 되면 결제 시장에서 현금이 차지하는 비율이 1.5%에 그칠 것으로 예상된다. 현금의 종말이라고 해도 과언이 아니다.

우리나라의 사정도 비슷하다. ATM기는 한 달에 300개씩 사라지고 있는 추세다.(독일의 시장조사업체 스태티스타 〈디지털 시장 전망 2020〉 보고서 참고) 2020년 한 해 동안 1,769개의 ATM기가 사라졌고, 은행 점포의 수도 79개나 줄었다. 모두 카드를 사용하고 스마트폰 애플리케이션을 통해 은행 업무를 보고 있다.

이에 맞춰 청소년들이 용돈을 받는 방식도 많이 바뀌었다. 광

주시청소년활동진흥센터의 〈청소년 소비 실태 조사〉에 따르면 통장 입금, 체크카드 사용이 54.1%로 가장 높았고, 이어서 현금이 40.1%, 신용카드 사용도 4.9%로 나타났다. 아직까지 현금 사용이 많긴 하지만, 통장과 카드 이용 비율은 계속해서 높아져 가고 있다.

아이들은 이미 부모가 신용카드 쓰는 걸 보며 사용법을 습득해왔다. 인터넷 쇼핑을 통해서 디지털 머니가 익숙한 세대다. 눈에 보이는 현금이 아니기 때문에 자칫 소홀히 다룰 수 있다. 부모로부터 디지털 화폐의 사용법을 체계적으로 배워야 한다.

돈의 개념이 없을 때 아이는 부모의 카드를 돈이 나오는 자판기라고 생각한다. 용돈 교육을 시키지 않았기 때문이기도 하지만, 카드에 대해서 설명을 들은 적이 없기 때문이다. 교육은 말로 하기보다 직접 실전에서 해보게 하면 훨씬 더 효율적이다.

은행에 가서 통장을 만들고 용돈을 입금하고, 체크카드를 쓰면 바로 통장에서 빠져나간다는 걸 가르쳐야 한다. 아이가 어릴 때는 통장 정리를 자주 하도록 하고, 스마트폰이 익숙해지면 은행 애플리케이션을 통해서 관리하는 법을 알려주자.

증권계좌 만들고
적립식 투자하기

　1997년 IMF 구제금융과 2008년 서브프라임 모기지 사태 등 크고 작은 금융위기를 겪으면서 금융에 대한 사람들의 관심이 무척 높아졌다. 부동산에 대한 국민들의 열망은 여전히 높지만, 2030 미혼자들의 경우 부동산보다 주식 투자를 더 많이 하고 있다는 통계도 나와 있다.

　실전투자를 할 때 투자처는 다양하지만, 아무래도 적은 돈으로 쉽게 접할 수 있는 것이 주식 매매다. 자녀와 함께 증권계좌를 만들고 주식 투자를 하는 방법에 대해서 말해보고자 한다.

증권계좌 만들기 무작정 따라하기

성인은 인터넷을 통해 비대면으로 증권계좌 개설이 가능하지만, 미성년자는 필요 서류를 가지고 금융기관을 찾아가야 한다. 증권계좌 개설은 증권사뿐 아니라 은행에서도 가능하다. 수수료율이 은행보다 증권사가 조금 더 낮긴 하지만, 큰 차이는 아니다. 먼 증권사를 찾아가는 것보다 접근성이 좋은 가까운 은행에서 계좌를 만드는 것도 좋다.

미성년자 증권계좌 개설 시 필요한 서류는 은행계좌 개설과 같다. 기본증명서, 가족관계증명서, 자녀 도장, 법정대리인의 신분증이 필요하다. 각 서류의 발급 방법은 앞서 은행계좌 만드는 법에서 상세히 소개했으니 이를 참조하자. 증권계좌 만들기 순서는 아래와 같다.

첫째, 원하는 증권사를 고른다. 부모가 주식을 하는 경우 자신이 거래하는 곳과 같은 증권사를 선택하면 좋다. 익숙하니 아무래도 자녀에게 설명해주기가 쉽다. 또한 부모가 증권사에서 받고 있는 혜택들을 자녀에게 동일한 조건으로 해줄 수 있는지 요청해볼 수도 있을 것이다.

어지간한 업무는 스마트폰을 이용해 처리하므로, MTS^{Mobile Trading System} 애플리케이션이 잘되어 있는 곳을 선택하기도 한다. 사람들이 많이 사용하는 MTS는 키움증권 영웅문, 모바일증권 나무(NH투자증권), 삼성증권 mPOP, 미래에셋증권 m.stock, 한국투자

증권 MTS 등이 있다.

둘째, 증권사를 찾아가거나 증권사에 연계된 은행을 찾는다. 증권사에 전화를 하거나 증권사 사이트에서 확인할 수 있다. 평소에 거래하는 은행이나 집에서 가까운 은행 중 편하게 선택하면 된다. 국내 주식, 해외 주식 모두 취급하는 곳이면 좋다. 아이들이 게임이나 스마트폰 등 외국 회사 제품들도 많이 사용하니, 그 회사 주식에 관심을 가질 수 있기 때문이다. 여러 번 걸음하지 않으려면 해외 주식도 취급하는 은행으로 결정하기 바란다.

셋째, 증권사나 은행을 통해 증권계좌를 만든다. 기본증명서, 가족관계증명서, 자녀 도장, 법정대리인 신분증을 가지고 가서 증권계좌를 만든다. 계좌 개설 시 국내 주식, 해외 주식 모두 할 거라고 꼭 얘기한다. 은행에 따라 해외 주식통장을 하나 더 만들어야 하는 곳도 있기 때문이다. 그리고 계좌와 함께 증권 카드도 만들어달라고 요청하자. 간단하게 입출금이 가능한 카드이니 아이 주식 교육 때 편하게 사용할 수 있다. 1시간 정도 걸리므로 시간을 넉넉히 잡고 가야 한다. 자녀와 동행해서 아이가 금융기관 이용에 익숙해지도록 하자.

넷째, 증권사에 등록한다. 이제 마지막 단계다. 증권계좌를 개설했다 하더라도, 주식 구매는 증권사에서 해야 한다. 증권사 회원가입을 한다. 보통 계좌 개설을 하면 다음 순서를 문자로 보내주니 이를 보고 그대로 따라하면 된다. 아이디와 패스워드는 꼭 따로 적어두기 바란다. 성인들도 자신의 아이디를 잊어버리는 경우가 있는데 아이 것에 더 신경 쓴다고 특이한 것으로 했다가 나중에 기억 못 하는 경우가 많기 때문이다. 증권사 애플리케이션을 다운받고 로그인하면 이제 투자자로서의 준비가 끝났다.

은행에서 계좌를 만들고 스마트폰 애플리케이션과 인터넷뱅킹을 이용하려 해도 이것저것 체크하고 기억해야 할 것이 많은데, 익숙하지 않은 증권계좌를 만드는 것이니 더 정신이 없을 것이다. 이제부터 투자의 실전으로 들어간다. 어떤 종목의 주식을 살지 결정할 차례다. 자녀의 주식은 장기적으로 바라보며 매달 적립식으로 꾸준히 넣는 것을 기본으로 한다.

어린이 펀드? 인덱스 펀드?

이제 모든 준비가 되었다면 자녀가 어떤 회사에 관심이 있는지 알아봐야 한다. 종목을 고를 때는 아이가 주변에서 흔히 볼 수 있는 제품의 회사로 하는 것이 좋다. 냉장고, 에어컨, TV 등 가전제품을 만드는 회사의 주식을 사도 좋다.

가령 아이가 삼성전자에 관심이 있다면, 네이버에서 '삼성전자 주식'이라고 검색한다. 증권정보에서 회사의 이름으로 클릭하여 상세로 들어간다. 그러면 1일 차트가 기본으로 뜬다. 자녀의 주식 투자는 장기간 하는 것이 기본이므로, 1년과 10년을 클릭하여 그래프를 확인하자. 재무제표를 보면서 회사의 발전 가능성도 점쳐보길 바란다.

마음에 드는 회사를 정했다면, 이제 그 회사의 주식을 살 차례다. 주식을 사는 방식은 두 가지가 있다. 회사의 주식을 직접 사는 방식이 일반적인 주식 투자이고, 여러 기업을 묶어놓은 펀드에 가입하는 간접투자 방식이 있다. 안정성은 직접투자보다 간접투자 방식인 펀드가 높다. 펀드는 전문가가 수익률이 좋은 여러 회사를 담아놓은 것이기 때문에 자동적으로 분산 투자가 된다.

여기까지 설명을 들으면 그냥 수익률이 좋은 펀드 상품에 가입하면 되겠구나 생각할 수 있다. 아무래도 지금까지 수익률이 높았던 펀드가 좋은 결과를 낼 가능성이 조금 더 높은 것도 사실이다. 하지만 과거의 수익률이 미래를 보장하지는 않는다. 펀드에 가입한 사람이 끊임없이 관심을 갖고 공부해야 나와 우리 아이의 수익률을 높일 수 있다.

펀드 상품들을 한눈에 비교할 수 있는 사이트가 있다. 금융투자협회 전자공시서비스(http://fundamoa.kofia.or.kr)를 이용하면 된다. 3년 수익률도 볼 수 있고, 상품을 판매하는 판매사명도 확인할 수 있다.

아이 펀드를 알아보다 보면 부모들은 어린이 펀드를 한 번쯤은 들어보게 된다. 이름만 보면 우리 아이에게 맞는 맞춤형 펀드일 것 같다. 그런데 전문가들은 어린이 펀드에 전반적으로 회의적이다. 어린이 펀드라고 더 좋은 혜택이 있는 것도 아니다. 어린이 펀드에 가입하면 2,000만 원 이하 증여세가 면제된다고 설명하고 있지만 그건 모든 펀드가 마찬가지다. 앞서 설명했듯 10년 안에 2,000만 원 이하의 증여는 세금이 면제된다. 이런 경제상식이 없을 경우 뭔가 큰 혜택이 있는 것처럼 보여 어린이 펀드에 가입하기도 하지만, 사실 일반 펀드와 별 차이가 없다.

직접 주식을 사는 것에 두려움을 느낀다면, 전문가들은 수수료가 저렴하고 수익률이 좋은 인덱스 펀드 투자를 해볼 것을 권한다. 워런 버핏은 유언장에 "내가 갑작스럽게 죽는다면 모든 자산의 90%를 인덱스 펀드에 투자하세요"라고 썼다고 한다. 인덱스 펀드의 안정성을 잘 보여주는 일화다.

인덱스 펀드란 주가지수에 영향이 큰 종목들을 펀드로 구성해서 펀드의 수익률이 주가지수를 따라가도록 만든 상품이다. 전체 주가지수에 큰 영향을 미치려면 아무래도 크고 안정적인 회사들로 구성될 수밖에 없다. 인덱스 펀드의 장점은 수수료가 낮고, 리스크도 낮다는 것이다. 분산투자가 가능하다. 대신 안정적인 만큼 수익률은 좀 떨어질 수밖에 없다. 자녀를 위한 펀드로 안정적이며, 믿고 장기간 투자할 수 있는 펀드로는 인덱스 펀드도 권할 만하다.

주식 거래를 위해 튼 증권사의 인덱스 펀드에 가입해도 되지만, 운용사마다 수익률의 차이가 있으니, 수익률을 체크하고 상품을 선택하도록 하자. 가입하고 10년, 20년 그냥 놔두지 말고, 매달 확인하고 관리해주어야 더 높은 수익률을 가져올 수 있다.

　돈을 위해서 일하면 절대로 경제적 독립을 이룰 수 없다. 돈이 나를 위해서 일하게 해야 한다. 주식에는 이런 말이 있다.

　'누구보다 일찍 사고 누구보다 늦게 팔아야 한다.'

　주식의 장기투자는 가장 중요한 부분이다. 여기서는 주식 투자만 얘기했지만 투자에는 부동산, 채권, 코인, 원자재 등 다양한 분야가 있다. 한국을 넘어 해외로 눈을 돌릴 수도 있다. 투자의 기본은 분산투자와 장기투자다. 경제 상황에 꾸준히 관심을 가지고 살피다 보면 시장의 거시적인 흐름을 읽을 수 있게 된다. 경제에 대해서 항상 공부해야 하는 이유다.

용돈기입장과
금융일기

마지막 단계인 기록이다. 자신의 하루를 정리하고 글로 남긴다
는 것은 정말 쉬운 일이 아니다. 어른들도 어려운데, 아이에게 기록
하는 습관을 심어주기란 더욱 어렵다. 하지만 기록하지 않으면 자
기 것이 되지 않는다. 기록을 하면서 하루를 돌아보면 잘한 일과 미
흡했던 일들이 정리가 되고, 좀 더 나은 사람이 될 것을 다짐하게 된
다. 글쓰기를 통해 인생을 바라보는 통찰력을 키우고, 나와 주위에
대한 관찰력도 계발할 수 있다. 자신이 직접 생각하고 적은 금융 기
록들은 처음에는 단순한 나열 같아 보이지만, 시간이 지날수록 자본
가의 머리를 깨치게 하는 큰 재산이 된다.

용돈기입장의 의미 알기

용돈기입장은 아이들이 어디다 돈을 쓰는지 일일이 간섭하기 위한 것이 아니다. 매일매일 체크해서 잘 쓰고 있는지 관리해선 안 된다. 한 달에 한 번, 자녀가 어릴 땐 일주일에 한 번 정도 확인해보는 것이 좋다. 큰 문제가 없다면 가볍게 칭찬하고 넘어가자. 왜냐하면 용돈은 아이의 돈이기 때문이다. 직접 알바를 해서 번 돈이라면 더욱 그렇다. 자녀가 어떻게 쓰더라도 부모가 간섭할 수 없다. 부모는 미성년자의 보호자로서 올바른 방향만 제시할 수 있을 뿐이다.

용돈기입장을 통해 아이가 깨달아야 하는 부분은 두 가지다. 첫째는 모두가 알고 있는 '절약'이다. 단순한 절약이 아니라 적정한 곳에 돈이 잘 쓰이고 있는지 용돈기입장을 통해 복기해보는 것이다. 둘째는 수입에 대해서 고민해 보는 것이다. 이 부분은 돈이 부족하지 않은 이상 아이들 스스로 생각하기 힘든 부분이다.

통계를 보면 대다수의 청소년은 용돈이 부족하면 그냥 참는다고 한다. 아이들 스스로 돈을 벌 수 있다는 생각 자체를 하지 못하기 때문이다. 우리 사회와 부모들이 갖고 있는 돈에 대한 인식이 그 기회를 막고 있는 경우가 많다.

아이가 외부에서 아르바이트를 하게 된다면, 기록에 좀 더 신경써야 한다. 중·고등학생 정도 되면 개인 손익계산서와 대차대조표(재무상태표)를 쓰도록 지도하자. 손익계산서는 수입과 지출로 이루어져 있고, 대차대조표는 자산과 부채로 되어 있다. 부모는 특히 아이가 스스로 자산을 정리할 수 있도록 도와야 한다. 컴퓨터, 게임기 등 실물 자산도 적어야 되지만, 아이가 투자를 하고 있다면 투자 종목도 월 1회 정도는 확인해서 적도록 한다. 어릴 때는 자금 운용이 어른보다 훨씬 단순하기 때문에 쉽게 습득할 수 있다.

아이에게 금융일기라구요?

요즘 아이들은 어른들만큼 바쁘다. 매일 해야 하는 것들도 많다. 학원도 가야 하고, 학습지도 해야 한다. 숙제도 있다. 여기에 추가로 뭔가를 더 얹는다는 것은 아이에겐 버거운 일이다. 경제 교육을 시킨다고 자녀에게 새로운 숙제를 내주는 건 바람직하지 않다.

부모는 돈이 중요하지만 아이에겐 삶에서 돈이 그리 큰 부분이 아니다. 경제 공부를 안 했다고 학교에서 숙제 검사하듯 검사를 받는 것도 아니고, 친구들 앞에서 창피를 당하지도 않는다. 매일매일 검사하지도 않는데 꾸준히 금융일기를 쓰라고 하는 건 아이에게 부담만 하나 더 늘리는 것이다.

부모가 아이에게 금융을 가르치는 건 생각의 방향만 잡아줘도 족하다고 생각한다. 예를 들어 일기를 쓸 때 하루를 경제적 측면에서 생각하도록 살짝 힌트를 주는 것이다. 하교 때 친구와 문구점에 들러 예쁜 공책을 샀다고 일기에 적는다면, 경제적인 측면을 볼 수 있도록 부모가 도와주면 된다. "똑같은 공책인데 왜 문구점과 인터넷의 가격이 다를까?" "왜 인터넷에서 구매하면 더 싸게 살 수 있을까?" "내가 공책을 만드는 사람이라면 얼마가 적당할까?" 이렇게 생각할 거리를 제공하면 된다.

아이가 좀 더 크면 어른과 같은 금융일기를 쓰도록 지도하자. 용돈기입장이 단순한 지출 기록이라면 금융일기는 수입을 늘릴 수 있는 방법에 대한 자신의 생각을 담는 것이다. 일기와 일지가 다르듯 말이다. 회사에서 근무일지라고 하면 오늘 한 일에 대한 기록이다. 일어난 일을 그대로 적는 것이 일지라면, 일기에는 그에 더해 자신의 생각과 의지가 담긴다. 용돈기입장의 경우, 돈의 지출에 대한 일지라고 할 수 있을 것이다. 하지만 일기에는 오늘 있었던 일이나 정보에 대한 자신의 감상을 덧붙여야 한다.

금융일기의 내용은 크게 네 가지로 생각해 볼 수 있다. 첫 번째는 정보다. 경제 기사를 보거나 책을 읽었다면 그 지식을 정리하고 자신의 생각을 적는다. 두 번째는 아이디어의 정리다. 수입을 늘리거나 지출을 줄일 수 있는 방법이 생각나면 정리해둔다. 세 번째는 한 일에 대한 자신의 생각을 적는다. 투자를 했다면 내가 내린 결론이 어떤 정보에 기초한 것인지 자세히 기록한다. 마지막으로 자신의 결단을 적는다.

성인에게 금융일기를 쓰게 하면 해야 할 일이 많다. 시간은 없는

데 관련해서 봐야 할 것들이 너무 많다. 아이들에게 어른들이 하는 경제공부 방식으로 금융일기를 쓰게 하는 건 바람직한 방향이 아니다. 오히려 경제나 투자에 대한 아이의 흥미를 떨어뜨릴 것이다.

용돈기입장과 금융일기의 목표는 자녀의 생각 전환이다. 학교 숙제 시키듯 아이를 다그칠 필요는 없다. 자녀가 사회로 나갈 때까지는 아직 많은 시간이 있다. 그러니 조급해하지 말자. 자녀가 경제에 관심 갖게 해주는 것만으로도 부모가 할 일은 충분히 다한 것이다.

PART
05

미래의 부자는
블록체인과
메타버스에서
시작된다

CHAPTER 01

블록체인,
금융기술인가 도박인가

요즘 아이들은 주식이나 부동산보다 비트코인이 더 귀에 익숙하다. 한창 전 세계적으로 주목받고 있는 블록체인 기술의 대표주자이기 때문이다. 우리나라도 예외는 아니다. 미국 경제 전문지 포브스지가 선정한 '2021년 50대 유망 블록체인 기업'에 카카오와 삼성 SDS가 포함되어 있다.

대기업들마저 블록체인 사업에 앞다투어 뛰어들고 있는데, 정작 우리는 비트코인이나 블록체인이 뭔지 설명을 들어도 알쏭달쏭하다. 누구는 비트코인이 투기나 도박이라고 하고, 한쪽에서는 미래의 화폐라 한다. 왜 사람들은 눈에도 보이지 않는 가짜 돈에 이렇게 열

광하는 것일까?

우리 사회는 빠르게 변화하고 있다. 아이들이 살아갈 세상이 어떻게 변화할지, 미래의 먹거리가 무엇인지 부모가 알아야 제대로 준비시킬 수 있다. 블록체인과 메타버스에 대해 알아야 할 이유다.

비트코인은 금의 대체재

블록체인 기술을 기반으로 한 암호화폐가 비트코인인데, 둘의 관계를 쉽게 설명해보겠다. 내가 은행에 1만 원을 저금했다. 그러면 통장에 '입금 1만 원'이라고 기록된다. 여기서 1만 원이 비트코인이고, 기록된 통장이 블록이다. 여기서 체인이라는 말이 남는다. 저금 1만 원이 기록된 통장이 여러 블록으로 나뉘어 저장돼 체인으로 연결되어 있다. 그래서 한 블록을 떼어내 위변조를 하려고 해도 기록이 모두 연결되어 있기 때문에 해킹이 불가능하다.

우리가 사용하는 법정통화인 현금은 중앙은행(한국은행)에서 발행한 것으로 어디서나 사용이 가능하다. 돈의 관리를 중앙은행에서 할 경우, 필요하다고 판단되면 경기 부양을 위해 돈을 막 찍어낼 수 있다. 최근에도 각국은 코로나 팬데믹으로 인한 경기 침체를 극복하기 위해 양적완화라는 이름으로 돈을 찍어 시중에 풀었다. 그런데 돈이 풀리면 가치가 떨어진다. 내가 가지고 있는 화폐의 가치가 중앙은행에 의해 결정되는 것이다.

2008년 금융위기는 기득권 금융기관들의 신뢰를 바닥으로 끌어내렸다. 대공황을 겪은 사람들은 정부와 금융시스템을 믿을 수 없게 되었다. 금융기관들은 파생상품을 통해 서브 프라임 등급(신용이 낮은 등급)의 대출을 끼워 팔기도 했다. 고위험 대출을 아무런 제재 없이 진행했다. 그리고 금융위기가 오자 정부의 비호 아래, 책임을 지고 감옥에 간 사람은 아무도 없었다. 힘없는 서민들만 거리에 나 앉게 되었다.

이러한 문제를 극복하기 위해 만들어진 것이 비트코인이다. 비트코인은 발행 주체가 따로 없다. 발행량도 이미 정해져 있다. 2,200만 개로 한정되어 있기 때문에 발행기관 마음대로 가치를 떨어뜨리거나 올릴 수 없다. 오직 수요와 공급에 따라 가격이 정해지기 때문에, 금과 같이 가치 저장의 수단이 될 수 있는 것이다.

한편 각 나라들은 이러한 움직임에 대응하여 중앙집권화된 디지털 화폐, CBDC^{Central Bank Digital Currency}를 만들고 있다. 각국의 중앙은행이 발행하는 디지털 화폐. 마음대로 찍어낼 수 있고, 정부에서 통제가 가능한 화폐다. 디지털화되어 있는 화폐라는 점 말고는 종이화폐와 크게 다르지 않다. 그래서 CBDC가 상용화되면 비트코인 같은 암호화폐는 다 없어질 것이라는 얘기가 나오는 것이다. 정부가 돈을 장악하지 못하면 권력이 약해지기 때문에 각국의 정부는 어떻게 해서든 CBDC를 통용하려고 한다.

각국의 디지털 화폐가 생기면 비트코인은 정말 없어지는 것일까? 금의 가치를 생각해보면 그렇지 않다고 생각한다. 금의 가치는 활용성보다 희소성에 있다. 지금까지 채굴한 금의 양은 약 16~17만 톤 정도로 추정된다. 한정된 재화다. 비트코인도 2,200만 개로 한정되어 있고, 2140년이 되어야 채굴이 끝난다. 암호화폐를 이용하면 금의 최대 단점인 무게와 부피에 영향을 받지 않으면서도 자신의 자산을 암호화된 블록에 보호할 수 있다. 그래서 비트코인을 금의 대체재라 말하는 것이다. 비트코인은 결제의 수단인 화폐가 아닌 금을 대체할 부의 저장 수단이라고 보는 것이 보다 적절하다.

블록체인은 미래를 여는 기술

블록체인 하면 비트코인만을 떠올리지만, 블록체인 기술은 그 가능성이 무한하다. 블록체인 기술은 위변조가 불가능하기 때문에, 예술품의 구매, 위조화폐 방지, 자산의 기록, 전자 시민권, 전자 투표 등 절대 변경돼서는 안 되는 곳에 활용 가능하다.

현재 블록체인 시장에서 화두가 되고 있는 것은 NFT를 활용한 메타버스이다. NFT 역시 블록체인 기술의 한 종류로, 대체불가능한 토큰Non-Fungible Token이란 뜻을 가지고 있다. 블록체인을 이용해 디지털 자산에 소유권을 부여하는 것을 말하는데, 예술품, 부동산, 음악, 게임, 선거 등 고유한 디지털 번호가 부여되어 소유를 증명할 필요가 있는 곳은 모두 쓰이게 된다.

'부캐'라는 말을 들어본 적 있을 것이다. 방송인 유재석이 주캐릭터라면, 트로트 가수 유산슬 등 다양한 자아로 활동하는 것이 바로 부캐릭터이다. 둘 다 현실에서 활동하고 있지만, 요즘의 부캐는 전혀 다른 세계에서 활동한다. 바로 메타버스 세계다.

메타버스는 '초월한', '넘어선'이란 뜻의 그리스어 '메타Meta'와 세상을 뜻하는 '유니버스Universe'의 합성어로, 현실세계와 같은 사회, 경제, 문화 활동이 이뤄지는 3차원의 가상세계를 말한다. 이 가상세계에서 내 캐릭터를 만들어서 활동하는 것이다. 이게 무슨 돈이 될까 싶은가? 그런데 메타버스에서 정치인들이 정치 활동을 하고 있고, 강남 땅이 가상세계에서 완판되었다니 정말 신기한 일이다.

에르메스 가방을 매장에서 팔던 시대에서 인터넷 쇼핑몰로 옮겨오더니, 이젠 메타버스 안에서도 구매하여 나의 부캐릭터(아바타)를 꾸민다. NFT를 통해 소유권 기록이 있으므로 다른 사람에게 판매도 가능하다. 판매된 기록이 다시 블록에 기록되고 체인으로 연결된다. 실감이 나지 않지만 이렇게 세상이 돌아가고 있다.

과거 블록체인은 실물경제와 연계되지 못해 투기만 조장하고 아무 쓸모없는 기술이 아니냐는 의구심 어린 시선을 받았다. 하지만 NFT 기술이 메타버스 세계와 만나면서 새로운 비즈니스 기회가 열리고 있다. 스티븐 스필버그 감독의 영화 〈레디 플레이어 원〉(2018

년 작)을 보면 메타버스의 세계를 보다 쉽게 이해할 수 있을 것이다.

블록체인 기술이 비트코인으로 대표되면서 한때는 도박과 같이 취급받았다. 실물경제에서는 아무짝에도 쓸모없고 오직 범죄에서 활용된다고 생각했다. 디지털 데이터가 거래되면서 블록체인은 오명을 벗고 새로운 도약을 하고 있다. 먼 미래를 예견하는 건 어려울지 몰라도 바로 앞에 놓인 기술을 경험하는 것은 중요하다. 부동산과 주식에 이어 블록체인 기술을 이용한 토큰들을 통해 신흥 부자들이 탄생할 날이 머지않았음을 알 수 있다.

CHAPTER 02

당신의 자녀는
메타버스 네이티브

앞서 메타버스에 대해 잠시 언급했지만, 몇 년 전부터 메타버스란 말이 너무 많이 들려온다. 누구는 메타버스에서 고양이 그림을 팔아 억대의 돈을 벌었다더라, 이제는 사무실 없이 메타버스에서 근무한다더라 등. 이러한 소식을 들으면 '메타버스'라는 새로운 움직임에 뒤처질까 마음이 조급해진다. 우리는 항상 새로운 세상이 열릴 때 변화의 바람에서 소외될까 불안해한다. 1995년 IT 붐이 일었을 때, 애플이 아이폰을 출시했을 때, 그리고 블록체인으로 세상이 바뀔 것 같은 바로 지금이다. 우리 아이들의 미래 먹거리는 도대체 어떻게 변해가는 걸까.

메타버스+경제 활동=NFT

간단히 정리하면 메타버스는 가상세계이고, 블록체인은 보안기술이다. 이렇게 보면 전혀 관련이 없어 보인다. 그러나 메타버스에 돈(경제)이 더해지면 블록체인과 연관이 깊다는 걸 알 수 있다.

메타버스에서 내 아바타를 꾸미기 위해서는 돈을 주고 옷과 가방을 사야 한다. 현실세계보다 훨씬 저렴하긴 하지만, 그 안에서 활발하게 경제가 돌아간다. 그런데 화폐가 사회에서 통용되려면 신뢰성에 기반해야 한다. 화폐에 대한 신뢰성이 있어야 거래가 형성되고, 거래가 활발하게 일어나게 된다.

메타버스 생활이 다양해질수록 메타버스 내에서의 경제 활동도 늘어난다. 의식주 중 '식食'만 하지 않을 뿐 갖은 아이템으로 치장하고 아바타 친구들과 소통한다. 활동이 많아질수록 자신이 소유하고 보호해야 할 사유재산이 늘어난다. '가상세계에서 나의 소유권을 어떻게 보호할 것인가'라는 문제가 생기고, 그래서 신뢰성이 보장되는 블록체인 기술이 중요해지는 것이다. 블록체인 기술, 특히 NFT가 없으면 메타버스 안에서 사유재산을 증명할 수 없다.

집짓기에 비유하면 메타버스 세상에서의 모든 경제 활동(소유 증명)은 블록체인이라는 기술 위에 세워져야 한다. 구체적으로는 블록체인 기술 중 NFT라는 기둥 안에 있다. 각자의 소유권을 블록체인으로 증명해야 하는 것이다.

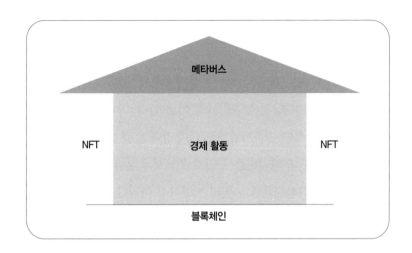

현재는 NFT 하면 예술품에 국한되어 사용되는 것처럼 보인다. 가까운 미래에는 주민등록증, 운전면허증, 여권 등 증명서가 NFT로 바뀔 것이고, 부동산 등기부등본, 오프라인 재산권도 NFT로 소유를 증명할 날이 올 것이다.

메타버스, 4가지만 알면 된다

뉴스에서 VR, AR 얘기를 하면 뭔가 알 것 같으면서도 뜬구름 잡는 느낌이 든다. 새로운 것을 이해하기 위해서 단어를 이미지화시켜 보자. 미국미래가속화연구재단ASF에서는 2007년 메타버스를 4가지로 정의했는데 증강현실, 라이프로깅, 거울세계, 가상현실이다.

현재는 기술의 발달로 네 유형이 혼재되어 있어 완전하게 구분하기는 어렵다. 하지만 4가지 유형을 먼저 알아야 발전도 형태도 이해할 수 있을 것이다. 여기서는 이해하기 쉬운 순서대로 정리해보았다.

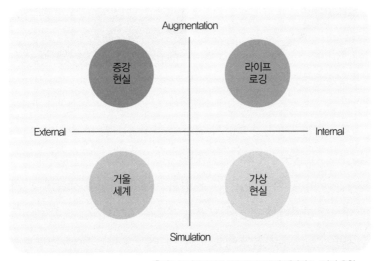

출처 : ASF(미국 미래 가속화 연구재단) 메타버스 4가지 유형

① 가상현실VR과 ②증강현실AR

이 두 가지는 함께 설명해야 이해하기가 더 쉽다. 뉴스에서 항상 VR과 AR이 같이 언급되기 때문에 얼핏 비슷한 기술로 여겨진다. 가상현실은 Virtual Reality, 곧 VR이라 부른다. 현실세계가 아니고 가상의 세계이다. 증강현실은 Augemented Reality로 줄여서 AR이다. 두 가지를 이해하기 위해서는 다음의 그림을 보자.

VR 기기(좌)와 AR 기기(우)

VR 기기와 AR 기기 착용자 모두 눈앞에 뭔가를 쓰고 있다. 다른 점은 VR 기기는 막혀 있다는 것이고, AR기기는 일반 안경처럼 열려 있다는 것이다. 가상현실VR은 완전히 새로운 가상의 세상이다. 나를 대신할 아바타를 만들어 완전히 새로운 가상세계에서 활동한다. 증강현실AR은 나의 현실 활동을 좀 더 편하게 하는 데 초점이 맞춰져 있다.

VR은 완전 가상현실로 들어가야 하므로 눈이 가려져 있어야 하고, AR은 현실을 보면서 앞에 정보를 뿌려줘야 하니 눈을 가리면 안된다. 요즘 MR, XR 등 새로운 말들이 등장했지만, 모두 두 가지가 혼합된 기술이라고 생각하면 된다.

VR의 대표적인 기기로 오큘러스 퀘스트가 있다. VR 기기 오큘러스와 메타(구 페이스북)가 만나 메타버스 플랫폼에서 다양한 즐길 거리를 제공하고 있다. 무엇보다 VR 시장을 선점하기 위해 원가에 팔고 있다는 말이 나올 정도로 저렴하게 판매하고 있어 더 인기를 얻고 있다. VR 기술은 가상세계에서 보는 것뿐만 아니라 느끼는 것으로 발전하고 있다. 촉각 수트를 입으면 가상세계에서 활동하는 느낌 그대로 현실의 몸이 체험할 수 있다.

AR 기술 중 주변에서 가장 흔히 볼 수 있는 것은 내비게이션 서비스이다. HUD^{head-up display}라고 하는데, 자동차의 앞 유리창에 내비게이션을 띄워서 보여주는 것이다. 운전자는 시선을 이동하지 않고 유리창에 비춰진 주행정보를 보고 편하게 운전할 수 있다.

이케아와 아마존은 AR 기술을 이용하여 집 인테리어를 가상으로 꾸며볼 수 있는 AR 애플리케이션을 선보였다. 이 앱을 이용하면 가구나 소품이 어울릴지 크기가 맞을지 등 미리 파악한 뒤 이용할 수 있다.

③ 라이프 로깅^{life logging}

로그^{log}는 '기록하다'라는 뜻이다. 우리가 웹사이트에 '로그인^{log in}' 한다는 것은 기록하기 위해서 또는 기록된 것을 확인하기 위해서 접속하는 것을 의미한다. 나의 이메일 기록을 보려면 로그인을 해야 하는 것과 같다. 라이프 로깅은 나의 삶을 기록한다는 뜻이다.

갤럭시 워치(스마트워치)를 착용하고 만 보 걷기를 하면 나의 걸음 수, 칼로리, 운동 시간, 심박수 등이 삼성헬스^{Samsung Health} 스마트폰 애플리케이션에 기록된다. 그 외에 스마트폰으로 검색했던 단어, 쇼핑 기록 등이 다 기록으로 남아 활용된다. 그래서 메타버스 관련 회사들이 앞다투어 만드는 것이 데이터 보관을 위한 데이터 센터이다.

④ 거울 세계|Mirror Worlds

실제 세계를 그대로 가상세계에 구현한 것을 거울 세계라 한다. 가상세계라고 하니, 앞서 말한 VR하고 같은 게 아닐까 할 수 있지만 특징이 다르다. 예를 들어 우리가 사용하는 지도 앱(내비게이션 앱)은 현실세계를 그대로 가상세계에 구현한 것이다. 네이버 지도에서 거리뷰를 보면 심지어 특정 시점의 그 지역을 그대로 볼 수 있다. 메타버스에서 강남 땅이 하루 만에 팔렸다는 뉴스가 바로 메타버스가 가진 거울 세계의 특징을 잘 보여준 예일 것이다.

메타버스로 신의 영역에 도전하는 사람들

메타버스 세상은 코로나 덕에 예상보다 빨리 우리 삶에 다가왔다. 관련 강의를 하다 보면 많은 사람들이 메타버스가 거품이 아닐까 하는 의구심을 품는다. 이 의구심은 의미가 없다. 왜냐하면 신이 되고자 하는 인간의 욕망에서 나온 것이 메타버스 세상이기 때문이다.

아주 오래전부터 인간은 영원한 생명을 얻고자 끊임없이 노력해

왔다. 생로병사를 정복하기 위해 노력했지만 아무리 기술이 발달해도 수명을 연장시킬 뿐 완전히 정복하는 것은 불가능했다. 인간은 신의 영역에 도전하지만 현실에선 신이 되진 못한다. 그래서 시간과 공간을 지배할 수 있는 메타버스의 세계로 눈을 돌린 것이다.

인도에서는 최근 코로나로 결혼식을 올릴 수 없게 된 신랑신부가 메타버스 플랫폼에 결혼식장을 차리고 하객들을 초대한 일이 있었다. 신랑신부, 가족, 하객들 모두 아타바로 결혼식에 참석했다. 결혼식에서 큰 이벤트가 있었는데, 먼저 하늘나라로 간 신부의 아버지를 아바타로 살려낸 것이다.

우리나라에서도 세상을 떠난 가족을 VR 기술을 이용해 메타버스에서 만난 사람들이 있다. 2020~2022년 MBC 다큐멘터리 〈너를 만났다〉를 통해 엄마는 하늘나라로 먼저 간 딸을, 남편은 죽은 아내를 만났다.

MBC 휴먼다큐멘터리 〈너를 만났다〉 시즌1, 시즌2

메타버스 세상은 우리가 지금까지 겪어보지 못한 새로운 세상이다. 그렇다고 없던 기술이 갑자기 나타난 것은 아니다. 4차 산업혁명이라고 불렸던 많은 기술들이 메타버스라는 멋진 옷을 입고 우리의 생활 속으로 스며들고 있다. 블록체인이 뭔지조차도 이해할 수 없었던 시대를 지나 이제는 블록체인 기술을 활용한 NFT 경제가 새롭게 탄생하는 초입에 와 있다. 메타버스 네이티브 세대인 자녀의 미래를 준비시키기 위해서라도 부모들은 미래의 기술에 대해 알아야 한다.

메타버스 플랫폼에서
돈 버는 법

하라는 공부는 안 하고 게임만 하는 자녀 때문에 부모가 속을 썩은 건 어제오늘의 일이 아니다. 말리다 말리다 안 되면 부모는 '내 아이가 프로게이머라도 되려나' 하는 헛된 기대를 품기도 한다. 아니면 '게임 제작자라도?' 하는 상상으로 스스로를 위로한다. 그런데 메타버스 세상은 모든 것이 게임과 밀접하게 연관되어 있다. 국내 메타버스 권위자 김상균 교수는 요즘 사람들을 '게임 인류'라 정의하며 미래의 시장은 게임 안에 있다고 말한다. 메타버스 세상에서 활동할 자녀의 미래를 막연하게나마 그려보는 것만으로도 고민을 풀 실마리를 찾을 수 있을 것이다.

메타버스 플랫폼의 세 가지 특징

2, 30대 부모는 디지털 네이티브 세대이다. 온라인 커뮤니티에서 활발하게 활동하고, 쇼핑도 오프라인보다는 온라인이 더 친숙하다. 40대 이상의 부모는 온라인을 사용하긴 하지만, 가끔은 아날로그 감성이 그리운 세대다. tvN 드라마 〈응답하라〉 시리즈가 나올 때마다 인기를 끄는 이유다. 그런데 우리가 키우는 아이들은 어릴 때부터 영어, 산수, 국어 등 모든 것을 게임으로 익히고 있다. 가상세계, 메타버스에서의 삶과 소비가 자연스러운 메타버스 세대인 것이다.

메타버스의 모든 게임에는 3가지 특징이 있다. 첫째, 나의 아바타를 꾸밀 수 있는 내 방이 있고, 둘째 다른 사람과 소통할 수 있는 월드(맵)가 있으며, 마지막으로 게임 안에서 통용되는 화폐가 존재한다. 메타버스 게임은 가상의 세계이기 때문에 나의 분신인 아바타의 활동에 따라 경제가 생겨난다.

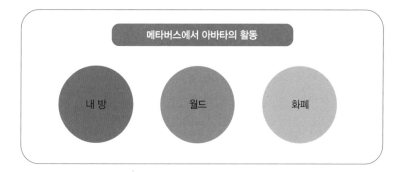

메타버스 플랫폼에서 아바타를 꾸미거나 다른 월드에 들어가서 놀려면 가상화폐가 필요하다. 예전 싸이월드의 도토리처럼 말이다. 당시 사람들은 도토리를 구매해서 내 방을 꾸미고, 마이룸에 내가 좋아하는 배경음악도 깔았다. 그런 것들이 바로 나의 감성과 정체성을 드러내는 도구이기 때문에 돈을 주고 도토리를 샀던 것이다.

도토리처럼 특정 플랫폼에서만 사용할 수 있는 돈이나 포인트를 디지털 화폐, 가상화폐 등으로 부른다. 메타버스는 거기서 더 나아가 해킹이 되지 않는 블록체인을 기반으로 한 암호화폐를 이용해 경제 활동을 하고, 소유를 증명한다.

메타버스 크리에이터 이코노미

메타버스에서 아바타를 꾸미고, 월드에서 소통하는 것은 우선 재미가 있다. 이런 재미는 아이들이 자신의 직업과 진로를 결정하는데 있어 중요한 요소가 된다. 예전에는 얼마나 게임을 즐기고 잘하느냐를 직업으로 바꾸면 프로게이머였다. 이제는 사람들이 메타버스 플랫폼 안에서 잘 즐길 수 있도록 서포트하는 새로운 직업이 탄생했다. '메타버스 크리에이터'다. 메타버스 크리에이터는 가상세계 안에서 아이템, 콘텐츠, 맵, 게임들을 창작하여 돈을 버는 사람들을 말한다.

로블록스는 미국 어린이 70%가 즐기고, 전 세계에서 월 1억 명이 즐기는 인기 메타버스 게임이다. 게임 회사가 부여한 하나의 임무를 완수하는 것이 과거의 게임이었다면, 메타버스 게임은 회사에서 플랫폼만 만들 뿐이다. 그 플랫폼에는 많은 개발자들이 만든 다양한 체험 프로그램이 존재하고, 각 프로그램은 저마다의 규칙에 따라 움직인다.

바로 탈중앙화가 이루어진 것이다. 숏팅 게임, 레이싱 게임, 롤플레잉 게임 등 셀 수 없이 다양한 아이디어가 있는 게임방들이 존재한다. 2022년 5월 기준으로 950만 명의 개발자, 2,400만 가지의 체험이 있으며, 개발자들이 지금까지 거둔 누적 수익은 6,130만 달러에 달한다.

네이버Z에서 만든 메타버스 제페토에서는 이미 많은 크리에이터들이 아이템과 월드를 만들어 상품을 판매하고 있다. 제페토는 크리에이터 이코노미를 구축해 월 수천만 원의 수익을 올리는 크리에이터를 탄생시켰다. 배스킨라빈스나 CU편의점은 제페토 라이브커머스를 통해 쿠폰을 판매해 억대의 수익을 올렸다. 아직 완벽하진 않지만 이 모든 것을 사고파는 데는 그 안에서 통용되는 젬Zem이 활용된다.

아이템 크리에이터, 월드 제작자, 메타버스 기획자들이 메타버스 세계에서 활동하고 있다. 사실 이름만 조금 달라졌을 뿐 이들은 원래 모두 존재했던 직업들이다. 웹디자이너, 캐릭터 디자이너, 프로그래머, 게임 기획자들로 그 활동 공간이 메타버스로 넘어가고 있는 것이다. 메타버스 세상에 발맞춰 무엇을 따로 가르쳐야 하나, 부모들은 우왕좌왕할 필요가 없다. 메타버스 네이티브 세대인 아이의 재능을 발견하고 각자 플랫폼의 특징에 따라 필요한 준비를 시키면 된다.

고양이로 돈을 버는 P2E 게임

과거의 게임은 P2W^{Pay to Win}였다. 이기기 위해서는 소위 '현질', 즉 현금을 질러야 했다. 게임에서 이기려면 좋은 아이템을 가지고 있는 게 중요한데, 이 아이템들은 다 돈으로 구매가 가능하다. 좀 더 빨리 최고의 등급에 도달하기 위해서는 비싼 아이템을 사야 하는 것이다. 그런데 메타버스 게임은 메타버스 크리에이터가 탄생하면서 P2E로 바뀌고 있다. Play to Earn, 돈을 벌기 위해서 게임을 한다는 뜻이다.

게임 속 고양이를 교배시켜서 돈을 번다는 말이 바로 여기서 나왔다. 메타버스 게임 〈크립토키티〉나 〈엑시인피티니티〉의 경우 퀘스트(임무)를 완수하면 포인트를 얻고, 고양이 캐릭터를 판매할 수 있다. 게임에서 쌓은 포인트(가상화폐)는 암호화폐인 엑시인피니티(AXS), 이더리움(ETH)으로 바꿀 수 있다. 게임 〈미르4〉의 경우, 게임을 이겨서 받는 포인트를 위믹스(WEMIX) 코인으로 바꿀 수 있다.

이렇게 바꾼 코인은 스테이킹(자신이 보유하고 있는 가상화폐 중 일정량을 지분Stake으로 고정하는 것)을 하여 배당을 받거나 코인거래소에서 투자하는 것이 가능하다. P2E 게임 형식은 아직까지 우리나라에서는 불법이다. 시간이 지나면 합법으로 바뀔 것으로 보인다.

메타버스 플랫폼 게임들의 P2E 방식

---

① 게임을 한다

② 포인트를 얻는다

③ 포인트(가상화폐)를 코인(암호화폐)으로 바꾼다

④ 스테이킹을 하여 배당을 받는다

⑤ 암호화폐 거래소에서 현금으로 바꾼다.

제페토 아이템 디자이너(2D)가 되어보자

앞서 잠시 언급했던 제페토는 최근 세계 3억 명의 가입자를 돌파한, 우리나라 메타버스 게임 중 가장 인기 있는 플랫폼이다. 제페토에서 크리에이터가 되는 법은 두 가지다. 우선 아이템과 월드를 만들어 판매할 수 있다.

아직 월드 디자인의 경우 많이 활성화되진 않았지만, 아이템 디자이너의 경우 '렌지'라는 유명 아이템 디자이너가 탄생할 정도로 큰

히트를 치고 있다. 렌지는 현재 제페토 내에 회사를 설립해 크리에이터 사업을 하는 어엿한 사업가가 되었다.

아이템 디자이너의 경우 포토샵, 3D 프로그램을 알아야 하고, 디자인 감각이 있어야 한다. 제페토 월드 크리에이터는 유니티 엔진과 C# 언어를 익혀야 한다. 둘 다 전문기술을 배워야 한다. 간단하게 체험할 수 있도록 제페토 앱 내에서도 아이템 디자이너가 될 수 있는 메뉴를 제공한다.

제페토 앱에서 제공하는 크리에이터 메뉴

제페토의 화폐는 젬zem과 코인이다. 아이템을 만들어서 판매하면 젬을 얻게 되고, 일정 금액 이상이 되면 현금화시킬 수 있다. 미성년자도 주민등록등본을 제시하면 수익금을 현금으로 인출할 수 있다. 아쉬운 점은 아직 암호화폐로 바꿀 수 없다는 점이다. 제페토가 엑

시인피니티처럼 젬을 암호화폐로 바꿀 수 있게 되면 세계적으로 더 큰 인기를 얻을 수 있을 것이다.

CHAPTER 04

NFT로
돈을 벌 수 있다고?

NFT는 메타버스 세상에서 재산 소유 증명에 꼭 필요하다. 엑시인 피니티의 경우 고양이 캐릭터 하나하나가 NFT화되어 있어, 판매가 가능하다. NFT와 함께 자주 거론되는 것이 민팅Minting이다. 'Mint' 는 박하사탕을 말하기도 하지만, '화폐를 주조하다'라는 뜻이 있다. 민팅에는 디지털 예술 작품을 NFT로 주조한다는 의미가 담겨 있다.

다음은 '냥캣Nyan Cat'이라는 유튜브 영상이다. NFT로 만들어진 냥 캣은 현재 얼마일까? NFT 마켓 중 가장 큰 규모를 자랑하는 오픈씨 (OpenSea.io)에서 냥캣을 판매하고 있는데, 암호화폐 이더리움으로 만 살 수 있다.

Nyan cat의 〈Nyan cat〉(좌)과 Artheif의 〈It Me〉(우)

초기에 우리 돈으로 약 5억 원에 판매되었고, 이더리움이 오르면서 7억 원까지 가격이 오르기도 했다. 오픈씨에 들어가서 'Nyan Cat'이라고 검색하면 작가의 다양한 고양이 작품들을 볼 수 있다.

한편 NFT 작가인 아트띠프Arthief는 중학생이다. 어릴 때부터 그림 그리는 것을 좋아했던 작가는 공책에 끄적이던 그림을 사진으로 찍어 본인의 SNS에 올렸다. 우연히 오픈씨에 디지털 작품을 올리기 시작하여 2021년 12월까지 팔린 작품의 가격을 합하면 3.5이더리움으로 한화로 약 1,200만 원에 달한다고 한다.(이더리움 가격 따라 변동)

NFT수집가들은 그림의 순수한 매력에서 구매했다고도 하고, 작가가 음악도 만드는 음악가라는 데 매료되었다고도 한다. SNS에 자신의 그림을 공유하던 초등학생이 메타버스 세상에서 NFT 작가로 날개를 달게 된 것이다.

NFT 작품의 세계관을 만들어야 한다

NFT 작품을 판매하려는 작가나 구매 후 재판매하는 수집가들은 3가지를 체크해봐야 한다. 첫째 작가의 작품성, 둘째 작가의 유명세, 셋째 세계관(생태계, 커뮤니티)이다. 순수한 수집가는 작가의 작품세계가 자신과 맞으면 작품을 구매한다. 그러나 작품을 투자용으로 구매했다면 대중성도 무시할 수 없을 것이다. 구혜선, 솔비, 하정우, 위너의 송민호, 구준엽 등 많은 연예인 작가들이 NFT로 뛰어들고 있다. 작품성도 봐야 하겠지만, 작가의 유명도도 작품 가격에 영향을 미친다.

마지막으로 가장 중요한 것은 세계관이다. 오프라인에서 작품을 구매할 때와 다른 NFT 디지털 작품 시장의 유일한 특징이기도 하다. NFT 작품은 상업적인 생태계가 얼마나 잘 구성되어 있는지가 중요하다. 내 아이가 아트띠프처럼 혼자서 작가 활동을 하고 싶어 한다면 예술세계에 초점을 맞춰야 한다. 그러나 메타버스에서는 완전히 상업적으로 만들어진 NFT 작품들이 인기를 끈다. 이런 종류의 NFT는 정교하게 제작된 세계관을 가지고 있어, NFT 홀더(소유자)들이 즐길 수 있는 재미난 이야기와 다양한 혜택들이 있다.

NFT의 가치는 세계관을 얼마나 잘 만드느냐에 있다 해도 과언이 아니다. 요즘 가장 뜨거운 NFT 커뮤니티가 'BAYC^{BORED APE YACHT} CLUB'이다. 해석하면 지루한 원숭이들의 요트클럽이다. BAYC의 원숭이 NFT를 보유한 많은 회원들이 있고, 그 회원들이 이 생태계를 스스로 키워나간다.

NFT 마켓 '오픈씨'에서 판매되고 있는 BAYC 작품들

미국의 유명한 암호화폐 및 블록체인 전문 글로벌 미디어인 코인 텔레그래프는 "BAYC 커뮤니티 구성원들은 제작사가 추구하는 가치를 수호할 뿐 아니라 어떤 잠재적 위험이 있어도 NFT를 보유할 사람들"이라고 말한 바 있다.

이들은 NFT 세계관에 초점을 맞춰서, 이 생태계 안에 들어오는 사람들에게만 특별한 혜택을 준다. 유명 가수의 콘서트에 초청하기도 하고, 에어드랍(무상으로 암호화폐 지급) 이벤트를 진행한다. 그래서 사람들은 비싼 돈을 지불하고서라도 BAYC의 NFT를 보유하려고

하는 것이다. 이렇듯 예술성보다는 생태계를 보고 작품을 구매하는 것이 NFT 마켓의 특징이다.

NFT 시장은 코로나로 생계가 막막해진 작가들이 관심을 갖기 시작하면서 폭발적으로 규모가 커졌다. 그들만의 리그였던 오프라인 경매시장보다 접근성이 좋아 누구나 작품을 만들고 판매할 수 있게 되었다. 또한 탈중앙화된 NFT 작품들은 블록체인 기반으로 만들어진 플랫폼이라면 어디서나 사용할 수 있다. 간단한 디지털 작품을 만들어보고, 작품에 세계관을 부여해보자. 대단한 예술작품이 아니더라도 자녀와 함께 '민팅'을 하는 과정을 통해 메타버스 세상에 적응해보자.

CHAPTER 05

NFT로
아이 작품을 올려보자

NFT로 만들 수 있는 작품들은 많다. 그림, 사진, 음악뿐 아니라 자신이 가지고 있는 소장품도 가능하다. 최근 1976년 작 〈로보트 태권V〉를 PFP^Picture For Profile, 프로필 NFT로 제작하려는 움직임이 있다. PFP는 자신의 프로필로 쓸 수 있도록 만든 프로필 형태의 NFT이다.

엔터테인먼트 회사와 합작하여 소속 가수의 얼굴을 본 딴 NFT도 MZ 세대에게는 인기다. 하이브, YG엔터테인먼트, JYP엔터테인먼트 등의 아이돌 소속사들이 주력하고 있다. 가수 선미의 PFP는 1초 만에 완판되기도 했다.

도전! NFT 작품을 만들어서 판매하기

자신의 작품을 NFT로 만든다는 건, 이 작품의 디지털 소유권이 나에게 있다는 것이다. 자녀의 작품을 NFT로 만들고(민팅) 판매해보자. 미성년자는 코인을 구매할 수 없기 때문에 부모의 도움이 필요하다.

① 작품을 디지털화한다

그림, 음악, 사진 등 디지털화되어 있는 것은 다 가능하다. 음악은 100% 이미 디지털화되어 있다. 사진의 경우 필름이나 폴라로이드 사진이 아닌 이상 스마트폰이나 디지털카메라로 찍은 것은 이미 디지털 작품이다. 캔버스에 그린 그림이나 조각상 같은 오프라인 전시물의 경우 사진으로 찍거나 전문 스캐너를 이용해 디지털화해야 한다.

② 사용할 코인을 정한다

디지털 작품을 판매하려면 사용할 코인을 정해야 한다. 작품을 달러로 팔지, 원화로 팔지 결정하는 것과 같다. 달러처럼 세계 사람들이 많이 사용하는 암호화폐를 사용하면 좋다. 보통 이더리움, 폴리곤, 클레이튼, 솔라나를 많이 사용한다. 작품을 올릴 때 이더리움은 10~20만 원(시세에 따라 다름) 정도가 들고, 폴리곤은 수수료가

들지 않는다. 클레이튼의 경우 우리나라의 카카오에서 만든 것으로 한국에서는 많이 사용하나 외국인들이 많이 사용하는 코인은 아니다. 해외에서도 인기 있고 수수료가 적은 코인이 솔라나다. 최근에는 무료로 민팅이 가능한 폴리곤 코인을 많이 사용한다. 무료이기 때문에 편하게 테스트해볼 수 있다.

③ 코인 거래소에서 코인을 산다

작품을 올리려면 수수료가 들기 때문에 코인을 구매해야 한다. 코인 거래소에서 해당 코인을 구매한다. 미년성자는 코인을 구매할 수 없다. 과거에는 부모가 코인을 사서 자녀에게 넘겨줄 수 있었다. 그러나 지금 한국의 대다수 코인거래소는 트래블룰이 적용되어 더 이상 미성년 자녀에게 코인을 건네줄 방법이 없다. 아이가 NFT 작가로 활동을 하려면 부모의 명의를 이용해야 한다. 폴리곤 코인의 경우 작품을 NFT로 만들 때 수수료가 없기 때문에 ③과 ⑤ 과정을 제외해도 된다.

④ 디지털 지갑을 만든다

디지털 지갑에는 코인뿐 아니라 NFT 작품도 넣을 수 있다. 메타버스 세계의 모든 소유 증명은 디지털 지갑과 연결되어 있다. 구매한 코인을 내 디지털 지갑으로 옮겨야 하기 때문에 개인 디지털 지갑을 만든다. 이더리움, 폴리곤 코인을 이용하려면 메타마스크 지갑을, 클레이튼 코인은 카이카스 지갑을 만들자. 솔라나는 팬텀이라는 지갑을 사용한다.

⑤ 코인을 디지털 지갑으로 옮긴다

코인 거래소마다 각 코인에 대한 자신만의 주소가 있다. 그 주소를 이용해서 구매 거래소에서 자신의 디지털 지갑으로 코인을 옮긴다.

⑥ 오픈씨에 로그인한다

오픈씨opensea에 회원가입을 한다. 앞서 소개했듯 오픈씨는 세계 최대 NFT 거래소이다. 일반적으로 웹사이트에 가입하기 위해서는 사이트마다 아이디와 패스워드를 만들어야 한다. 그러나 디지털 지갑을 사용하면 그런 과정 없이 어디에나 로그인할 수 있다. 오픈씨에서 디지털 지갑을 이용해 로그인한다.

⑦ NFT를 발행한다

마지막으로 오픈씨에서 자신의 작품을 NFT로 발행하고 판매를 해본다. 자신의 쇼핑몰을 오픈씨 안에 입점시킨다고 생각하면 된다. 자신의 컬렉션을 만든 후 작품을 업로드해야 한다. 준비해야 할 것은 컬렉션의 로고 이미지(350x350), 컬렉션 이름(영어), 컬렉션 설명(영어)이다. 만든 컬렉션에 작품을 업로드할 때는 디지털 작품과 작품 설명(영어)이 필요하다. 제목과 설명 등을 모두 영어로 기재해야 하므로 미리 웹번역기를 이용해 영어로 바꾸어두자.

나도 NFT 작품 수집가 : NFT 작품 구입해보기

① 구매할 NFT 작품을 고른다

오픈씨나 다양한 NFT 마켓, 또는 메타버스 게임 등에서 구매하고 싶은 NFT 작품을 고른다. 작품을 선택할 때는 투자용인지, 소장용인지를 깊이 생각해야 한다. 소장용이라면 상관없겠지만 투자용이라면 자신이 마지막 홀더(소유자)가 되지 않도록 작품의 선택에 신중을 기해야 한다.

② 코인을 거래소에서 구매한다

작품에 따라 거래하는 암호화폐가 다르다. 해당 코인을 확인 후 작품의 가격과 수수료(NFT 마켓에 지불) 등을 고려하여 구매해야 한다. 코인의 시세는 변동성이 높으니, 변동 추이를 보고 저렴할 때 구매하도록 한다.

③ 디지털 지갑을 만든다

코인에 맞춰 디지털 지갑을 만든다.(메타마스크, 카이카스 등)

④ 코인을 디지털 지갑으로 옮긴다

코인 거래소에서 자신의 디지털 지갑으로 구매한 코인을 옮긴다.

⑤ 오픈씨에 로그인한다

디지털 지갑으로 오픈씨 등 NFT 마켓에 로그인한다. 국내에도 다양한 NFT 마켓이 있으니 마음에 드는 곳으로 선택하자.

⑥ NFT 작품을 구매한다

작품 구매대금과 NFT 마켓 수수료를 지불하고 작품을 구매한다.

NFT 민팅을 하려면 생소한 사이트를 세 곳이나 이용해야 한다. 코인거래소, 디지털지갑 웹사이트, NFT 마켓이다. NFT에 대한 개념이 잘 잡혀 있지 않은 상황에서 여러 웹사이트를 거쳐서 민팅을 하는 것은 쉽지 않다. 그러나 현재 NFT 시장은 도입기이기 때문에, 부모가 자녀에게 이 시장을 한번은 경험시켜 줄 필요가 있다.

부모 대상 메타버스 강의를 하고 나면 자녀들과 대화를 할 수 있게 되었다고 말하는 엄마들이 많다. 처음부터 개념을 온전히 이해하기 어려울 땐 무조건 한번 경험해보는 것이 좋다. 자동차를 운전한다고 엔진을 공부할 필요는 없듯이, 지금은 메타버스의 본질보다 활용에 익숙해져야 할 때다.

CHAPTER 06

자녀를 메타 리치로
준비시켜라

앞서 소개한 중학생 NFT 크리에이터 아트띠프의 경우 창작 활동을 제외한 암호화폐와 관련된 일련의 과정은 아버지가 대신해주고 있다. 우리나라는 미성년자의 코인 거래를 막고 있기 때문이다. 그렇다면 우리나리의 청소년들은 메타버스에서 게임만 해야 하는 것일까?

우리나라는 미성년자의 경우 부모의 허락하에 증권계좌를 만들어 주식을 살 수 있다. 메타버스에 관심이 있다면 메타버스 관련 주식을 살펴보고 투자해보는 것도 좋은 방법일 것이다. 메타버스 관련 회사는 분야를 선도하는 기업과 그런 회사들의 기술을 뒷받침하는 기반산업들로 구분된다. 또한 메타버스 하면 게임을 빼놓을 수 없기 때문에 게임회사의 주식도 살펴봐야 한다.

① 마이크로소프트 – 메타버스 플랫폼 메시Mesh, 홀로렌즈

최근 〈오버워치〉, 〈디아블로〉, 〈스타크래프트〉로 유명한 블리자드를 인수했다. 마이크로소프트는 AR 기기인 홀로렌즈를 선보인 바 있다. 블리자드의 게임들과 홀로렌즈가 만들어낼 메타버스의 세상이 기대된다. 또한 마이크로소프트는 업무용 메타버스 플랫폼 메시Mesh를 내놓았다. 멀리 떨어져 있는 사람들이 아바타와 홀로그램을 통해 한곳에서 작업할 수 있는 혼합현실Mixed Reality 기술이다.

② 메타(구 페이스북) – 오큘러스 퀘스트, 호라이즌 워크룸

메타버스에 본격적으로 뛰어들기 위해 회사명을 페이스북에서 메타로 변경하였다. 2014년 VR 기업 오큘러스를 인수해 오큘러스 퀘스트를 원가에 저렴하게 판매하여 VR 기기 시장의 78%를 선점하였다. 메타버스 플랫폼 호라이즌 워크룸Horizon Workrooms을 공개하며 아타바로 함께 일하는 미래 직장의 모습을 보여주고 있다.

③ 엔비디아 – GPU 기술의 선도주자

엔비디아의 CEO 젠슨 황은 사장될 뻔한 '메타버스'란 단어를 다시 현실로 끌어들인 사람이다. 엔비디아는 지포스 그래픽카드로 성장한 기업으로 GPU(그래픽처리장치) 기술력을 바탕으로 인공지능 ^{AI}플랫폼 쿠다를 개발하고 데이터 센터 사업에 진출하는 등 메타버스 분야의 대장주라 할 수 있다. 마이크로소프트, 메타, 구글, 애플 등 어느 회사가 메타버스를 장악하더라도 엔비디아의 GPU 기술력을 바탕으로 해야 하므로, 메타버스에서 굉장히 중요한 기업으로 꼽힌다.

④ 로블록스

미국 어린이 70%가 이용하는 메타버스 게임이다. 메타버스 크리에이터 경제가 잘 이루어져 있다. 많은 프로그래머들이 로블록스 플랫폼 안에서 게임을 개발하고 그 안에서 수익을 얻고 있다.

⑤ 유니티 소프트웨어

개발자들은 익히 알고 있는 게임개발 엔진이다. 마이크로소프트, 소니 등이 고객으로 있다. 메타버스 게임 개발 엔진으로는 현재 1위 업체라 볼 수 있다.

최근 메타버스 시장에는 유수 빅테크 기업들이 앞다투어 뛰어들고 있다. 2021년에는 메타버스 로블록스가 성공적으로 나스닥에 상장하며 큰 반향을 일으켰다. 그러나 메타버스 시장은 아직 초기 시장이라 장기적 안목에서의 투자가 필요하다.

국내외 메타버스 관련기업 동향

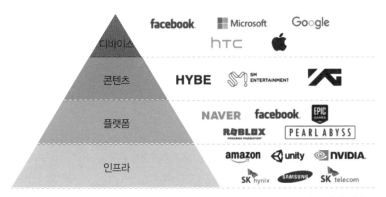

자료 교보증권리서치센터

　초기 시장은 큰 리스크를 안고 있지만, 이에 반해 폭발적으로 성
장할 가능성이 있다. 《메타 리치의 시대》의 저자 김상윤 교수가 말
했듯 100년 만에 찾아온 부의 기회를 잡아야 한다. 메타버스 게임을
즐기는 자녀라면 관심을 가지고 투자해볼 만한 시장이다. 10년 후
메타 리치Meta Rich가 되어 있을 우리 아이의 미래를 미리 준비하자.

돈 공부 전에 꼭 알아두어야 할 경제용어

경제 공부를 해야 한다고 하면 어려운 용어에 지레 놀라 포기하는 사람들이 많다. 어른들도 이런데 아이들에게는 더욱 어렵다. 경제에 관심을 가지다 보면 자연스럽게 용어들을 접할 기회가 많아지고, 하나둘씩 의미를 파악하게 된다.

금융 공부에서 가장 중요한 것은 용어 간의 관계이다. 금융이란 결국 한정된 재화를 내가 갖느냐, 네가 갖느냐의 싸움이다. 지구촌이라는 말이 촌스럽게 느껴질 정도로 우리는 모두 연결되어 있다. 지구 반대편 나비의 날갯짓이 나에게 커다란 태풍을 일으키기도 한다. 경제 공부는 그 연관성을 이해하는 게 포인트다.

금융은 먼저 전체적인 흐름을 알아야 한다. 그 흐름에서 기둥이 되는 것이 금리와 환율이다. 돈은 물물교환을 쉽게 하기 위해 만들어졌다. 그렇기 때문에 돈은 가치가 중요하다. 30년 전에는 자장면이 50원이었지만 지금은 5,000원이다. 자장면에 홍삼이 들어간 것도 아니고 재료는 그대로인데, 물가가 10배나

오른 것이다. 반면 돈의 가치는 10배 하락했다.

물가가 지속적으로 상승하는 경제 현상을 인플레이션이라고 한다. 이렇게 경제 공부를 할 때는 돈의 관계적인 특징만을 기억하고 하나씩 확장해가면 된다.

환율의 기준은 달러

이제 금리와 환율에 대해서 알아보자. 돈의 가치를 결정하는 것이 바로 금리와 환율이다. 이 두 가지만 정확하게 알고 있으면 경제신문 읽기가 한결 수월해지고, 읽으면 읽을수록 자신의 금융이해력에 뿌듯해하게 될 것이다. 이 관문을 꼭 넘어야 한다.

환율은 'A나라 돈 VS. B나라 돈'의 교환 비율을 말한다. 상대적인 가치이기 때문에 어느 나라를 기준으로 하느냐에 따라 굉장히 헷갈린다. 환율을 생각할 때는 아래 두 가지만 기억하면 된다.

① 국내에 있는 달러가 기준이다
② 돈은 무조건 달러로 움직인다

몇 년 전 허니버터칩 대란이 일어난 적이 있다. 부모들은 자녀가 원하는 허니버터칩을 사기 위해 동네 편의점을 전전해야 했다. 시중에 제품이 많이 안 풀리니, 허니버터칩의 몸값은 높아져만 갔다. 심지어 판매가의 2배로 중고거래 사이트에서 판매되기도 했다. 몸값이 높다는 것이다.

허니버터칩을 달러로 생각하면 이해가 쉬울 것이다. 달러가 국내에 적으면 가치가 상승한다. 이를 '달러강세'라고 한다. 허니버터칩이 귀하게 되면(강세) 1,500원 주면 살 수 있던 것도 3,000원을 줘야 살 수 있다. 이를 바꿀 '환' 자를 써서 '환율강세'라고 표현한다. ①번에서 얘기한 것처럼 기준은 국내에 있는 달러(허니버터칩)의 양이다. 미국에 있는 달러의 양이 아님을 기억하자.

환율과 수출의 관계

트럭을 만드는 한국의 A사는 미국의 B사에 트럭 한 대를 수출하고 1달러를 받았다. 환율강세로 인해 1달러가 2,000원이다. 1달러를 은행에서 환전하여 2,000원을 받았다. 시간이 지나 국내 달러의 양이 많아져 달러 가치가 떨어졌다. 환율약세로 인해 1달러당 1,000원이 되었다. 이번에도 트럭을 수출하여 1달러를 받은 A가 은행에서 환전을 하니 1,000원을 받았다. 똑같은 트럭을 수출했는데 환율에 따라 A사의 수입이 1000원이나 차이가 나게 된다.

환율이 2,000원일 때 A사는 가격을 반으로 낮춰(0.5달러=1,000원) 더 많은 트럭을 수출할 수도 있다. 그래서 환율이 강세일 때 가격 경쟁력이 생겨 수출이 증가한다. 수출의 증가는 수입의 감소를 뜻한다.

예를 들어 이번에 A사는 중국에서 공산품을 수입하고 1달러를 줬다. 현재 국내에 달러가 적어서 환율이 1달러당 1,000원에서 2,000원으로 올랐다. 달러의 가치에 따라 1,000원이었던 물건이 2,000원이 된 것이다. 비싸게 수입해 왔으니 국내에서도 가격을 올려 판매해야 한다. 물가가 상승할 수밖에 없다.

여기서 잊지 말아야 하는 건 '돈은 무조건 달러로 움직인다'는 것이다. 수출이나 수입 시 주고받는 돈은 달러다. 그래서 수출과 수입이 환율에 영향을 받는 것이다.

이렇게 이론으로 보면 다 이해된 것 같지만, 많이들 헷갈리는 부분이다. 그래서 쉬운 암기법을 가지고 왔다. '달환수물'이라고 암기해 보자. 달러, 환율, 수출, 물가는 같이 움직인다.

달러가 강세라는 말은 환율이 오른다는 뜻이고, 수출이 증가되고, 물가는 오른다. 네 가지가 다 강세라는 뜻이다. 자녀들에게 이 암기법을 가르칠 필요는 없다. 하지만 아이들에게 설명할 때 부모가 헷갈리면 안 된다. 이 부분이 헷갈리기 시작하면 경제 뉴스를 읽을 때도 무척 힘이 든다. 그래서 기본은 암기하는 것이 좋다.

> **달환수물 : 달러강세, 환율강세, 수출강세, 물가상승**

부모의 돈 교육

초판 발행일	2022년 8월 8일
5쇄 발행일	2024년 2월 1일

지은이	권피디(권유정)
펴낸이	김순일
펴낸곳	미래문화사
신고번호	제2014-000151호
신고일자	1976년 10월 19일
주소	경기도 고양시 덕양구 삼송로 222, 현대헤리엇 업무시설동(101동) 301호
전화	02-715-4507 / 713-6647
팩스	02-713-4805
이메일	mirae715@hanmail.net
홈페이지	www.miraepub.co.kr
블로그	blog.naver.com/miraepub

ⓒ 권유정 2022

ISBN 978-89-7299-549-4 (03320)